AI와 사주

인공지능총서

인공지능 시대입니다. 기계가 인간의 인지를 대신하고, 사물이 인간을 통하지 않고 다른 사물과 직접 커뮤니케이션합니다. 이에 따른 인간 삶과 문명 변화를 정확히 이해·예측·대응하는 것은 이 시대 우리 모두의 과제입니다. 인공지능총서는 인공지능 기술과 환경의 여러 주제를 10가지 키워드로 정리합니다. 관련 개념과 이론, 학계와 산업계의 쟁점, 우리 일상의 변화를 다룹니다. 인간과 기술의 현재, 미래를 세심히 분석합니다.

일러두기

- 인명, 작품명, 저서명, 개념어 등은 한글과 함께 괄호 안에 해당 국가의 원어를 병기했습니다.
- 외래어 표기는 현행 어문규정의 외래어표기법을 따랐습니다.

처음이세요?

전문가세요?

AI와 사주

조철래

대한민국, 서울, 커뮤니케이션북스, 2025

AI와 사주

지은이 조철래
펴낸이 박영률

초판 1쇄 펴낸날 2025년 6월 30일

커뮤니케이션북스(주)
출판 등록 2007년 8월 17일 제313-2007-000166호
02880 서울시 성북구 성북로 5-11
전화(02) 7474 001, 팩스(02) 736 5047
commbooks@commbooks.com
www.commbooks.com

ISBN 979-11-430-0419-2 03500

책값은 뒤표지에 표시되어 있습니다.

차례

AI와 사주, 전통과 현대의 만남

인간은 태초부터 자신의 존재와 삶의 의미를 탐구해 왔다. “나는 누구인가”, “어떻게 살아야 하는가”라는 질문은 시대를 초월해 우리를 사유하게 만들었으며, 이러한 탐구 속에서 사주명리학(四柱命理學), 주역(周易), 음양오행(陰陽五行) 같은 동양 철학의 지혜는 단순한 길흉 예측을 넘어, 인간과 우주 사이의 깊은 관계를 통찰하는 핵심 도구로 자리 잡았다.

사주명리학은 단순한 점술 체계를 넘어서, 인간 존재와 삶의 리듬, 사회적 관계와 우주적 원리를 통합적으로 이해하고자 하는 총체적 철학 체계다. 동아시아 전통 사상의 정수라 할 수 있으며, 오늘날에도 여전히 자기 성찰, 관계 이해, 삶의 방향성 탐색에 기여하고 있다. 향후 명리학은 고전적 정수를 유지하면서도 현대 철학, 심리학, AI 기술 등과 융합되어 보다 넓은 의미의 인간 이해학으로 자리매김할 가능성이 높다.

현대의 커뮤니케이션 이론에서도 개인의 성격 유형을 파악해 효과적인 소통 전략을 수립하는 것이 중요시된다. 예를 들어, MBTI나 에니어그램(Enneagram) 같은 성격 유형 검사는 개인의 성향을 이해하고 그에 맞는 소통 방식을 찾는 데 활용되고 있다. 사주명리학과 주역도 이러한 성격 분석과 상황 대응의 측면에서 현대 커뮤니케이션 이론과 유사한 접근 방식을 나타낸다. 김동완(2025)은 『더 피플』에서 사주명리학과 MBTI, 에니어그램을 결합해 인간관계를 이해하고 개선하는 방법을 제시하고 있다.

음양오행, 주역, 사주명리학, 소통, 프랙탈(fractal), 복잡계(複雜界)의 연관성

여기서 평소 궁금해 하던 음양오행, 주역, 사주명리학, 소통, 프랙탈, 복잡계의 연관성을 살펴보면, 이 주제는 전통 동양 철학과 현대 과학적 개념을 아우르며, 복합적인 사유가 필요한 영역에 해당한다.

음양오행은 동양 철학의 근간이다. 모든 현상을 음과 양, 다섯 가지 기본 요소(목 · 화 · 토 · 금 · 수)로 분석하고, 이 오행은 서로 상생(相生)하고 상극(相剋)하며 끊임없이 변화한다.

주역은 이러한 음양의 변화를 64괘라는 기호 체계로 모델링한 체계이며, 각각의 괘는 6개의 효(爻)로 구성되며, 음(- -)과 양(—)의 조합으로 만들어진다. 이는 디지털적으로 말하면 6비트 바이너리이며, 총 $2^6=64$개의 경우의 수에 해당하며, 이 자체가 하나의 초기 복잡계 모델로도 볼 수 있다.

주역은 우주 만물의 변화 패턴을 예측하거나 해석하는 도구이며, 여기에는 동적인 상호작용, 즉 복잡계적 상호의존성과 피드백이 내재되어 있다. 음양오행과 주역, 사주는 모두 "반복되는 패턴"에 기반하고 대우주와 소우주가 닮았다는 "유비(類比)"는 프랙탈 구조의 전형적 특징을 가진다.

주역의 64괘는 2의 거듭제곱으로 구성되며, 각 괘는 상하로 나뉘어(상괘/하괘) 자기 유사성(Self-similarity)을 가지며, 이는 수학적 프랙탈처럼 전체 구조 속에 부분 구조가 반복되는 패턴이다. 사주의 10년 대운, 세운, 월운, 일진 등도 반복 구조 위에 존재하는 시간의 다층 구조에 해당한다.

복잡계 이론은 단순 요소의 상호작용이 예측 불가능하고 창발적인 패턴을 만들어 낸다는 것을 설명하며, 음양 · 주역 · 사주는 각각의 요소보다 그들 간의 관계와 흐름, 즉 변화와 상호작용에 두고 있다.

이러한 사고방식은 현대 복잡계 과학과 일치하며, 사

주의 팔자는 독립적인 8개의 요소가 아니라, 그들 사이의 상생 · 상극, 형충해합 등의 상호작용이 전체 의미를 결정짓는다고 할 수 있다.

정리하면 음양오행은 시스템의 기본 단위이자 언어이고, 주역은 변화의 원리와 패턴을 기호화한 모델이며, 사주는 시간적 초기 조건을 기반으로 한 개인의 동역학 해석 도구이며, 소통은 상호작용의 실제 적용이며, 프랙탈은 이 구조들의 자기 유사성과 반복성을 보여 주는 형식이며, 복잡계 이론은 이 모든 구성 요소들을 통합해 설명할 수 있는 현대적 프레임이라고 할 수 있다.

인간, 운명을 탐구하다

주역의 괘는 기본적으로 음(⚋)과 양(⚊)의 두 가지 기호를 조합해 64개의 괘를 생성하는데, 이 조합 방식은 수학적 반복성과 구조적 확장 가능성을 보여 주며, 이는 프랙탈 구조가 가진 무한 반복성과도 닮아 있다. 더불어 복잡계 이론에서 말하는 자기 조직화(Self-organization), 즉 외부 지시 없이도 질서가 형성되는 현상은 주역이 자연 속 질서를 스스로의 변화 원리로 설명하는 방식과도 맞닿아 있다.

이러한 연관성은 전통적인 동양 철학이 단순히 '과거

의 유산'이 아닌, 현대 과학 및 기술 발전에도 충분히 적용 가능한 사고 체계임을 보여 준다. 주역은 인간과 자연의 상호작용, 순환, 균형을 설명하는 철학적 언어이고, 프랙탈과 복잡계 이론은 그것을 현대 수학과 과학의 언어로 해석한 것이라고 할 수 있다.

AI가 이러한 주역과 사주에 담긴 복잡한 시스템을 분석하고 시각화할 수 있다면, 우리는 사주명리학을 단순한 점술이 아닌 정교한 데이터 해석의 틀로 재조명할 수 있게 된다. 예컨대, AI는 수많은 사람들의 사주 데이터를 분석해 통계적 경향을 도출하거나, 오행 간의 균형 상태를 시뮬레이션할 수 있으며, 이는 곧 사주의 해석을 보다 직관적이고 실증적으로 접근할 수 있는 길을 열어 준다고 할 수 있다.

하지만 이 과정에서 중요한 질문이 하나 남는다. AI가 해석한 사주는 누구의 통찰일까? 기계가 제시하는 분석은 어디까지나 인간이 입력한 데이터와 알고리즘에 기반하지만 결국 해석의 책임은 인간에게 있으며, AI는 그 과정을 돕는 도구일 뿐이다.

사주는 인간과 우주의 관계를 사유하는 철학이며, AI는 그러한 사고의 영역을 확장할 수 있는 현대적 도구다. 전통과 기술이 만나 새로운 통찰을 만들어 내는 이 여정에서, 우리는 과거를 보존하면서도 미래를 향해 나아갈 수 있다. 그리고 그 접점에서 우리는 다시금 인간 자신을 성찰하게 될 기회를 갖는다.

서양 철학자 라이프니츠는 주역의 64괘를 보고 이진법(binary system)과 유사하다는 점에 깊은 감명을 받았다고 한다. 그는 이를 통해 동양 철학이 논리와 수학적 사고에서도 높은 수준에 도달했음을 인식했다. 라이프니츠의 이러한 통찰은 동서양 사상의 융합 가능성을 시사하며, 음양오행 같은 동양 철학이 현대 과학 및 철학적 담론에서도 중요한 역할을 할 수 있음을 보여 준다.

조아킴 부베(Joachim Bouvet, 1656~1730)는 독일 철학자이자 수학자인 고트프리트 빌헬름 라이프니츠(Gottfried Wilhelm Leibniz)와의 학문적 교류로 유명하다. 프랑스 출신의 예수회 선교사로, 17세기 후반부터 중국에서 활동하며 동서양 학문 교류에 기여한 인물로 평가받고 있다.

부베 신부는 중국에서 활동하며 주역(周易) 같은 동양 철학 및 사상에 깊은 관심을 가졌으며, 라이프니츠에게 64괘 방원도를 포함한 주역 관련 자료를 보내 음양 이론에 기반한 이진법의 아이디어를 제공했다. 라이프니츠는 이를 바탕으로 현대 컴퓨터의 기초가 되는 이진법 체계를 정립했으며, 이 과정에서 주역의 음효(⚋)를 0으로, 양효(⚊)를 1로 해석해 이진법을 발전시켰다.

부베는 또한 중국 문자를 연구하며 기독교적 관점에서 고대 중국 문명과 신앙 체계를 탐구하려는 시도를 했으며, 그는 한자 구성과 형태를 통해 고대 중국인들이 신의 존재를 인식하고 있었다고 주장하기도 했다. 부베 신부의 활동은 단순히 선교에 그치지 않고, 동서양 학문의 융합과 디지털 혁명의 기초를 마련하는 데 중요한 역할을 했음이 자명하다.

주역과 음양오행: 전통 지혜의 핵심

인류는 태곳적부터 자연의 변화와 그 속에 내재한 원리를 탐구해 왔다. 생명의 탄생과 소멸, 계절의 순환, 낮과 밤의 교대, 인간사에서 벌어지는 다양한 일들의 흐름 속에는 일정한 법칙이 존재한다고 믿었다. 이러한 탐구의 결과로 동양에서는 주역(周易)이라는 위대한 사상이 탄생했고, 그 중심에는 음양(陰陽)과 오행(五行)의 개념이 자리하고 있다.

주역은 단순한 점술서가 아니다. 이는 천지만물의 생성 원리와 변화를 설명하는 철학서이자, 인간이 자연과 조화를 이루며 살아가는 방법을 제시하는 지혜의 보고다. 주역의 기본 원리는 태극(太極)에서 비롯되며, 태극이 음과 양으로 나뉘고, 다시 음양이 결합해 사상(四象)과 팔괘(八卦)를 형성하면서 변화의 원리를 나타낸다. 음양은 서로 대립하면서도 조화를 이루며, 끊임없이 변화하고 순환하는 자연의 법칙을 의미한다. 이는 우리 삶의 모든 영역에서 적용될 수 있는 근본적인 원리다.

음양과 함께 동양 철학의 핵심을 이루는 개념이 바로 오행이다. 오행은 목(木), 화(火), 토(土), 금(金), 수(水)의 다섯 가지 요소로 이뤄지며, 우주와 자연의 걸음걸이이자 운행원리다. 이는 자연계의 기본 구성 요소이자 모든 변화의 원동력으로 작용한다. 오행은 상생(相生)과 상극(相剋)의 관계를 맺으며 서로를 조화롭게 유지하거나 제어하는데, 이 관계를 통해 우리는 우주의 조화와 균형을 이해할 수 있다. 예를 들어, 목은 화를 생하고, 화는 토를 생하며, 토는 금을 생하고, 금은 수를 생하며, 수는 다시 목을 생하는 순환 구조를 이루고 있다. 반면, 목은 토를 극하고, 토는 수를 극하며, 수는 화를 극하고, 화는 금을 극하며, 금은 다시 목을 극하는 상극 관계도 존재한다.

이러한 음양오행의 원리는 단순히 자연 현상에만 적용되는 것이 아니다. 인간의 성격과 건강, 사회 구조, 경제 흐름, 심지어 예술과 문화의 발전 과정까지도 음양오행의 원리를 따라 설명할 수 있다. 예컨대, 사람의 체질과 성향도 오행에 따라 분류될 수 있으며, 특정 오행이 부족하거나 과하면 건강이나 운세에 영향을 미친다고 본다. 또한, 기업 경영과 국가 운영에서도 음양오행의 조화를 이루는 것이 중요하다고 여겨졌다.

주역에서 말하는 변화의 원리는 단순한 우연이 아니라 필연적인 흐름이며, 그 속에서 인간은 스스로의 위치를 이해하고 최적의 선택을 할 수 있는 지혜를 얻을 수 있다. 현대 사회에서도 우리는 끊임없는 변화 속에서 살아가고 있다. 기술의 발전, 사회 구조의 변화, 기후 변화 등 모든 것은 끊임없이 순환하고 있으며, 이러한 변화의 흐름을 이해하고 적응하는 것이 중요하다. 주역과 음양오행의 사상은 오늘날에도 여전히 유효하며, 이를 삶에 적용함으로써 우리는 보다 균형 잡힌 선택을 할 수 있다.

주역은 단순한 예언서가 아니라, 변화하는 세상을 바라보는 통찰의 도구이며, 음양오행의 원리는 자연과 인간, 그리고 우주의 조화를 이루기 위한 필수적인 개념이며, 이를 통해 우리는 보다 지혜롭고 조화로운 삶을 살아갈 수 있다.

사주, 인간과 우주의 조화를 탐구하는 철학

오늘날 많은 사람들은 사주를 단순한 운세 도구로 생각하지만, 본질적으로 이는 인간과 우주의 조화를 탐구하는 깊은 철학적 체계다. 사주는 우리의 삶에서 일어나는 사건들을 단순히 예측하는 것을 넘어, 스스로를 성찰하고 나아갈 방향을 제시하는 나침반 역할을 한다. 동양의 전통문화인 사주는 오랜 세월 동안 축적된 지혜와 경험을 바탕으로 인간과 우주의 관계를 해석하며, 개인의 삶의 궤적을 조명하는 데 중요한 역할을 해 왔다. 그러나 21세기에 들어서며 우리는 또 다른 혁명적 도구를 손에 쥐게 되었다. 바로 인공지능(AI)이다.

AI는 단순히 기술적 진보를 넘어 인간 사고의 확장을 가능하게 하는 강력한 도구로 자리 잡았다. 데이터 분석, 패턴 인식, 예측 능력 등 AI가 가진 특성은 과거에는 상상조차 할 수 없었던 방식으로 우리의 세계관을 변화시키고 있다. 그렇다면 이 두 가지, 즉 사주라는 전통적 지혜와 AI라는 현대적 기술이 만나면 어떤 일이 벌어질까? 이 책은 바로 그 질문에 대한 답을 찾기 위한 여정에서 시작되었다고 할 수 있다.

프랙탈과 복잡계: 주역의 현대적 언어

주역(周易)은 동양 철학의 핵심으로 자연과 인간의 조화를 탐구하며 음양(陰陽)과 상호작용의 원리를 중심으로 설명한다. 현대 과학의 복잡계 이론과 프랙탈 개념은 이러한 동양 사상과 흥미롭게 연결되며, 복잡계는 많은 요소들이 상호작용하며 비선형적이고 예측 불가능한 거시적 질서를 형성하는 시스템을 말한다. 이는 주역에서 음양의 상호작용과 변화의 원리를 통해 세상의 질서를 설명하는 방식과 유사하다.

복잡계의 주요 특성인 초기 조건 민감성, 자기 조직화, 순환 고리 등은 주역의 사주명리학에서 다루는 음양론, 오행론 등과 밀접한 연관이 있다.

프랙탈은 자기 유사성을 특징으로 하는 기하학적 구조로, 자연과 사회 현상에서 반복적으로 나타나는 패턴을 설명한다. 프랙탈 구조는 전체와 부분이 유사한 형태를 가지며, 주역의 음양 원리와 밀접하게 연결된다. 주역의 기본 단위인 음과 양은 1차원에서 시작해 2차원, 3차원으로 확장되며, 이러한 확장은 프랙탈적 자기 유사성을 보여 준다.

주역은 유기체적 관점에서 세계를 바라보며, 부분과 전체가 상호 유기적으로 연결되어 있다. 이는 프랙탈 구조에서 나타나는 반복성과 창발성(emergence)을 반영한다. 예를 들어, 하위 수준의 구성 요소들이 상위 통합체를 형성하며 새로운 속성을 창출하는 과정은 주역의 변화 원리와 일치한다.

주역의 철학은 혼돈 속에서도 질서를 발견하려는 시도와 유사하다. 프랙탈 구조는 겉으로 보기에는 복잡하고 불규칙적이지만, 그 내부에는 일정한 규칙성이 존재한다. 이는 주역이 변화와 대립 속에서도 조화를 이루는 원리를 설명하는 데 도움을 준다. 주역은 시간과 공간을 하나의 연속체로 간주하며, 변화 과정을 중시한다. 이는 프랙탈 구조가 시간적으로 반복되면서 공간적으로 확장되는 특성과 연결되며, 이러한 관점은 환경 디자인이나 동적 시스템 이해에도 적용될 수 있다. 나아가 주역과 프랙탈 구조는 동서양 철학과 현대 과학을 연결하는 중요한 개념적 다리로 작용하며, 복잡한 문제를 체계적으로 해결하는 데 기여할 수 있다.

주역의 '상징'은 커뮤니케이션의 코드

또한 주역(周易)은 단순한 점술의 고전이 아니라, 자연과 인간, 그리고 인간 사이의 소통 구조를 통합적으로 사유하는 동양의 커뮤니케이션 철학이라 할 수 있다. 주역을 커뮤니케이션 관점에서 해석하면, 인간 내면의 의사소통, 자연과의 상호작용, 그리고 공동체 내의 상징적 의미 교환이 모두 포함된다.

주역은 변화(變), 상(象), 의(義)를 핵심 원리로 삼아 모든 존재와 현상 간의 '상호작용의 구조'를 도식화하는 과정을 통해 단순히 예언적 결과를 도출하는 것이 아니라, 변화 속에서 어떻게 의미를 해석하고 소통할 것인가를 묻는 철학적 질문에 가깝다. 팔괘와 육십사괘는 상징기호(symbolic code)다. 이는 소통에서 말하는 '의미 생성의 기호체계(Semiotics)'와 유사하다. 예를 들어 건(乾)은 하늘, 곤(坤)은 땅으로 읽히지만, 이는 단순한 자연물 지시가 아니라, 창조, 수용이라는 행위 의미로 확장되며, 이는 소통에서 "기호(sign)"가 물리적 대상이 아닌 문화적 맥락에서의 의미 작용이라는 점과 일맥상통한다. 주역의 괘는 의미를 생성하고 해석하는 소통의 미디어라 할 수 있다.

동서양의 융합, 그리고 앞으로의 여정

AI와 사주의 융합은 단순히 과거와 현재의 만남이 아니다. 그것은 전통과 현대가 서로를 보완하며 새로운 가능성을 창출하는 과정이다. 사주라는 고대 지혜가 AI라는 현대 기술과 만나 어떻게 새로운 빛을 발할 수 있는지 살펴보고, 또한 이를 통해 자신의 삶과 운명을 바라보는 새로운 시각을 얻게 되는 계기가 될 것으로 보인다.

인류의 역사는 동양과 서양이라는 두 축이 서로를 바라보며 영향을 주고받아 온 긴 여정으로 점철되어 왔다. 동양은 자연과 인간의 조화를 탐구하며 주역(周易)을 통해 우주의 질서를 해석하고자 했고, 서양은 과학적 탐구와 수학적 모델링을 통해 복잡계와 프랙탈의 원리를 밝혀내며 자연의 비밀을 풀어 왔다. 이 두 세계관은 서로 다른 길을 걸어온 듯 보이지만, 그 본질은 결국 하나의 통합된 진리를 향해 나아가고 있다.

오늘날 인공지능은 이러한 동서양의 지혜를 결합해 인간 삶의 복잡성을 이해하고 새로운 가능성을 열어 가고 있다. AI는 복잡계 이론과 자기 조직화 원리를 활용해 끊임없이 변화하는 데이터를 학습하고 예측하며, 주역의 철학적 통찰을 현대적으로 재해석할 수 있는 도구로 자리 잡고 있다.

우리가 직면한 21세기의 복잡한 문제들은 단순히 한쪽 세계관만으로는 해결할 수 없다. 동서양의 지혜를 통합하고, 과거와 현재를 연결하며, 과학과 철학을 융합하는 이 여정이야말로 인류가 나아가야 할 방향임을 이해

한다.

마지막으로 이 책에서는 사주 간명을 하지 않는다. 우리나라에서 사주팔자를 구성하는 경우의 수는 약 51만 8400개로 추산되며, 인구 약 5천만 명을 기준으로 나누면, 같은 사주를 가진 사람이 평균적으로 약 90~100명 정도가 된다. 같은 사주라도 환경, 부모, 성장 배경 등이 달라 삶의 모습은 모두 다를 수 있다. 그리고 사주는 시대 상황과 간명하는 사람에 따라 해석이 제각각 달라지기 때문에 사주 분석에 참고할 만한 간단한 질문과 답변으로 대신한다.

Q 사주에서 가장 중요한 순위와 그 이유는

A 첫 번째로, 월주(月柱)는 사주에서 핵심 기둥으로, 전체 사주의 기운인 기본 에너지 흐름과 직업 운, 사회적 환경, 성장 과정 등을 결정한다. 월지가 강한 십성인 식상, 재성, 관성 등을 가지면 직업적 성공 가능성이 높고, 월주는 사주의 중심이자 사회적 · 직업적 운의 핵심 기준이다. 두 번째로, 일주(日柱)는 나 자신과 배우자, 가정 운을 나타낸다. 특히 일간(日干)은 "나 자신"을 의미하며, 사주 해석의 기준이자 개인의 성향과 기질을 결정한다. 일간은 사주의 중심축이 되어, 다른 모든 요소 해

석의 기준점이 되고, 일지(日支)는 배우자와의 관계, 결혼 운을 나타낸다. 즉 일주는 개인의 본질과 성격, 배우자와의 관계를 파악하는 데 매우 중요한 요소다. 세 번째로, 중요 시주(時柱)는 노년기, 자녀 운, 인생 후반부를 판단할 때 중요성이 커지며, 젊은 시절보다는 인생의 후반부에 더 큰 영향을 미친다. 네 번째로, 연주(年柱)는 출생 환경, 조상의 영향, 어린 시절을 나타나며, 성인이 된 이후에는 상대적으로 그 영향력이 작아진다고 볼 수 있다. 정리하면, 월주가 사주의 전체 흐름을 결정하고, 일주 특히 일간은 개인의 정체성을 결정하므로 사주 해석은 월주, 일주, 시주, 연주의 순서로 보는 것이 가장 효과적이다. 일간은 사주 해석의 중심축으로, 다른 기운과의 관계를 파악하는 기준이 되고, 월지는 계절의 기운을 대표해 전체적인 조후와 용신의 기준이 되므로, 사회적 · 직업적 운에서 가장 중요하다고 할 수 있다.

Q 같은 사주라도 운명이 달라질 수 있는가

A 사주팔자(원국)는 태어날 때 정해진 기본 구조다. 성격, 기질, 기초 능력, 기본 욕망 등을 보여 준다. 자신이 처한 사회적, 가정환경이나 풍수지리의 영향을 많이 받으며, 삶에 대한 주관적 인식이나 운명을 개척하려는 노

력에 더해 시대 상황과 자신의 사주가 어떻게 부합하느냐에 따라 운명이 결정된다고 볼 수 있다. 그리고 10년 단위로 변화하는 대운에 따라서 전혀 다른 삶을 살 수 있다.

Q 대운이 중요한 이유는

A 대운은 '운명의 방향키이자 안내자'다. 사주는 기본 구조로 자동차의 성능이라면, 대운은 도로 상태와 기후이자 환경이다. 아무리 좋은 자동차라도 험한 길, 폭우 속에선 어려울 수 있고, 성능이 떨어져도 순풍을 받으면 빨리 달릴 수 있다. 그래서 실전 명리학에서는 "사주만 보고 미래를 단정하지 않는다"는 것이 철칙이다. 대운을 보지 않는 사주 해석은 반쪽짜리 사주다. 대운에서는 직업, 건강, 결혼 운, 인간관계, 성격도 변화한다. 대운에 따라 일간의 힘이 바뀌면 위의 다섯 가지 모두 변화해 운명이 바뀔 수 있다.

Q 용신(用神)의 정확한 선택 기준과 우선순위 정하는 법은

A 사주에서 용신이란 태어난 시점의 오행의 불균형을 조절하고 사주 전체의 균형을 회복시키는 핵심 요소다.

쉽게 말하면, 내 사주가 찬 기운으로 기울었으면 따뜻하게 해주는 불, 너무 뜨거우면 식혀 주는 물 같은 존재다. 용신 선택의 출발점은 격국 파악 후에 사주 해석은 크게 세 단계로 나눌 수 있다. 격국(格局)의 성립, 신강/신약 판단, 용신/희신/기신 설정 순서다. 여기서 격국이란 사주팔자에서 가장 중요한 역할을 하는 천간(일간)을 중심으로, 그 사람의 타고난 성격, 직업 성향 등을 규정하는 틀이다. 예를 들어 관격(官格)은 규칙, 권위, 조직 지향이고, 재격(財格)은 경제, 실리, 실무 지향이며, 인격(印格)은 학문, 보호, 정신 지향이다. 용신은 이 격국이 무너지지 않도록 '유지'하거나 '보완'하는 오행이다. 즉, 격국을 살리는 것이 용신 선택의 제1원칙이다.

용신 판단의 핵심 기준 세 가지 중에서 우선은 사주의 계절적 조화인 조후(調候)로서, 사주가 계절의 극단에 속할 경우(한겨울/한여름 출생) 조후가 최우선이다. 겨울 생은 불(火)이 필요하고, 여름 생은 수(水)가 필요하다.

두 번째는 격국 보존이다. 격이 인격이라면, 인성을 생조(生助)하는 오행이 용신이고, 격이 재격이라면, 재성을 조절하는 식상/비겁/관성이 용신이 될 수 있다.

세 번째는 신강/신약 판단이다. 일간이 너무 강하면

누를 오행(관성/재성)이 필요하고, 일간이 너무 약하면 도와줄 오행(인성/비겁)이 용신이다.

복수 용신 존재 시, 우선순위는 가장 필요한 오행(핵심 에너지 조율)이 용신이 되고, 용신을 도와주는 보조적 오행이 희신이 된다. 용신 선택은 기계적인 계산이 아니라 계절, 격국, 오행 분포, 세운과 대운의 흐름, 삶의 환경까지 복합적으로 고려한 구조적 판단이라고 할 수 있다.

Q 조후용신과 격국용신 어느 쪽을 우선해야 하는가
A "조후가 최우선이다"라고 할 수 있다. 이유는 조후는 생존의 문제고, 용신은 성취의 문제로 조후가 안 맞으면 기초 체력, 건강, 기본 운 자체가 무너진다. 용신은 조후가 맞는 상태에서만 작동 가능하며, 사주는 살아 있어야 해석 가능하기 때문이다. 조후가 맞지 않으면 사주 전체가 빈약하거나 무기력한 상태로, 이 상태에선 아무리 격이 좋아도 작동 불능이 되기 때문이다.

Q 격국이 성립되지 않을 때 사주 해석 방법은
A 격이 성립되지 않으면 용신이 중심이 된다. 그리고 용신은 '이 사주가 지금 어디로 기울고 있고, 어디를 보완

해야 살 수 있는가'에 대한 실용적 해답을 찾을 수 있다. 격이 모호할 경우에는 일간 중심, 오행의 균형으로 구조를 판단하면 된다. 격이 파괴된 경우에는 격국은 무효로 보고 용신으로 대체하는 것이 바람직하다.

Q 합충형파의 우선순위는
A 충, 형, 파, 합의 순으로 작용한다. 사주의 복잡한 상호작용 중 가장 실전적이고 핵심적인 주제 중 하나인 합(合), 충(沖), 형(刑), 파(破)의 작용력이 동등하지 않을 경우 우선순위는 이렇다. 위치에 따라 달라진다. 일지와 시지, 월지, 년지 순으로 영향을 미치며, 특히 일지 충 형 합은 배우자, 핵심 사건에 직접 영향을 준다. 운(大運/歲運)과의 작용력이 실제 사건을 만든다고 할 수 있다. 여기서 충이 가장 강력하며, 운명적 변화 이동, 관계의 단절을 주도할 수 있다. 형은 장기적인 압박일 경우이고, 파는 일시적 붕괴 실패 파기를 의미하고, 합(合)은 가장 약하지만 방향성을 바꾼다. 합은 충에 밀리기도 쉬우며, 하지만 성립되면 오행의 속성이나 방향을 바꾸는 변화 작용을 하고, 특히 천간합, 육합은 대운에서 중요한 흐름의 변화 포인트가 될 수 있다.

이 책이 전통과 현대, 동양과 서양을 이어주는 사유의

다리가 되기를 바라면서, 우리가 그 다리 위에서 서로 다른 시대의 지혜를 마주하며, 조금 더 깊이 있는 삶을 성찰하게 되기를 기대한다.

'통찰 · 직관 능력'의 귀문관에 더해, 대운으로 '능력이 극대화된다'는 자묘상형, 편인 · 상관 합(合)의 운(運)에 힘입었다.

2025년 봄, 저자

참고문헌

강헌(2015). 『명리: 운명을 읽다』. 돌베개.

강헌(2016). 『명리: 운명을 조율하다』심화편. 돌베개.

김용정(1989). 『동양철학과 현대과학의 만남』. 광장.

김춘기(2001). 『사주원리』. 백산.

방인(2010). 『주역』의 기호학. 《철학연구》, 115권, pp.107-133.

윤영수(2005). 『복잡계개론』. 삼성경제연구소.

어윤형 · 전창선(1993). 『음양이 뭐지?』. 세기.

어윤형 · 전창선(1994). 『오행은 뭘까?』. 세기.

이운정(1995). 『운명의 시계』. 한문화,

Capra, F.(1996). *The web of life.* Anchor Books.

Leibniz, G. W.(1703). Explication de l'arithmetique binaire.

Maturana, H. & Varela, F.(1972). *Autopoiesis and cognition: The realization of the living.* Editorial Universitaria.

Rosen, R.(1991). *Life itself.* Columbia University Press.

01
사주명리학의 이해

사주명리학은 음양오행 이론에 기초한 체계적 운명 해석학으로, 인간의 기질 · 운세 · 인생 흐름을 네 기둥(년월일시)의 천간과 지지를 통해 분석한다. 『연해자평』, 『적천수해석』 등 고전 문헌은 격국, 용신, 십신 등 구조 해석 체계를 정립했으며, 현대 명리학자들은 이를 심리학 · 데이터 과학 등과 융합해 실용적 해석으로 확장 중이다. 사주명리학은 논리적 구조에 기반한 분석학으로, 무속의 직관적 신탁과 의례 중심 방식과 구분된다.

AI와 1인 창업?

이론적 기초는 음양오행론

사주명리학(四柱命理學)은 동양 철학의 정수라 할 수 있는 음양오행의 원리를 바탕으로 인간의 운명, 성격, 인생 주기 등을 분석하는 체계적 학문이다. 한 개인의 출생 시점인 연(年), 월(月), 일(日), 시(時)의 네 기둥(四柱)에 해당하는 천간(天干)과 지지(地支)의 조합을 통해 인간의 본성과 환경, 가능성과 위기를 파악한다.

사주명리학의 근간은 음양오행이다. 『황제내경』, 『주역』 등에서 유래한 이 이론은 우주 만물의 생성과 변화 원리를 설명한다. 목(木), 화(火), 토(土), 금(金), 수(水)의 오행이 상생(相生)과 상극(相剋)의 원리를 통해 순환하고, 음양의 균형 속에서 인간의 운명이 형성된다.

십천간(甲乙丙丁戊己庚辛壬癸)과 십이지지(子丑寅卯辰巳午未申酉戌亥)는 하늘과 땅의 시간적 상징으로, 사주를 구성하는 여덟 글자(四柱八字)의 핵심이다. 『연해자평(淵海子平)』과 『적천수해석(滴天髓解釋)』 등 고전 문헌은 천간과 지지의 생극제화(生剋制化)를 기반으로 명리의 기초 구조를 형성한다.

일간 중심 분석

사주명리학은 일간(日干), 즉 일주(日柱)의 천간을 명주

(命主)의 본체로 간주해 전체 명조의 해석 출발점으로 삼는다. 일간의 강약, 오행 구성, 월령(月令)과의 관계 등을 통해 용신(用神)을 설정하고, 이를 바탕으로 전체 흐름을 파악한다.

고전 문헌 속 사주명리학

『연해자평』은 명리학의 시초 격으로 여겨지는 이 책은 사주의 구조적 해석 방법을 체계화한 문헌으로, 격국론(格局論), 십신론(十神論), 대운 분석 등에 대한 기초를 마련했다.

『적천수해석』은 송대 이래로 발전된 사주 해석 기술을 체계적으로 정리한 문헌으로, 생극제화(生剋制化), 기신용신(忌神用神) 등 핵심 이론이 정교하게 서술되어 있다. 특히 명조 해석 시 파격(破格)과 종격(從格)의 개념을 심화시켜 해석의 깊이를 더한다.

『자평진전』은 청대에 편찬된 문헌으로 자평학의 결정판이라 불리며, 용신론, 격국론, 신강신약 판단 기준 등 실전 해석의 기초로 삼을 수 있는 기준을 정립했다.

현대 명리학자들의 해석

김동완의 『명리정수』, 이석영의 『명리신해』, 박주현의

『실전 명리학』 등은 고전의 이론을 현대적 언어로 재해석하고, 심리학 · 경영학 등 타 학문과의 융합을 시도하고 있다. 이러한 연구는 사주명리학이 단순 운세 예측을 넘어서, 인간 이해의 도구로서 자리 잡을 수 있음을 보여준다.

최근에는 명리학을 데이터 기반 분석에 접목해, 사주와 직업 적성, 질병 유형, 재물 운의 상관관계를 정량화하려는 시도도 있다. 이로써 명리학은 경험과 직관 중심의 학문에서 과학적 접근을 병행하는 융합 학문으로 발전 중이다.

사주 해석의 핵심 구조

격국(格局)은 명조의 구조를 정의하는 요소로, 일간과 월지 간의 관계에서 형성된다. 재격, 관격, 식상격, 인성격, 비견격 등으로 나뉘며, 격국에 따라 용신이 달라진다.

용신(用神)은 사주의 조화를 이루는 데 필요한 오행을 의미하며, 명조의 균형을 회복하고 기세를 보완하는 방향으로 설정된다. 용신 설정의 정확성이 명리 해석의 성패를 좌우한다.

십신(十神)은 비견, 겁재, 식신, 상관, 정재, 편재, 정관, 칠살, 정인, 편인의 열 가지 신살 체계는 인간관계, 직업, 재물, 권력, 성향 등을 해석하는 데 사용된다.

대운과 세운은 시간에 따른 운세 흐름을 분석하는 체계로, 10년 단위의 대운(大運)과 연 단위의 세운(歲運)을 함께 분석해 인생의 전환점과 위기를 예측한다.

사주명리학과 무속의 차이

사주명리학은 음양오행과 주역의 원리를 바탕으로 개인의 생년월일시(四柱)를 분석해 운명과 성향을 해석하는 체계적인 학문이다. 논리적이고 체계적인 분석이 가능하며, 현대에는 심리학 및 통계학과 접목되는 경우도 많다. 반면에 무속(巫俗)은 영적 존재(신령, 조상신, 자연신 등)와의 소통을 통해 인간의 문제를 해결하는 종교적 · 주술적 체계로, 직관과 신탁(神託)을 중시하며, 굿이나 부적 같은 의례적 요소가 강하게 드러난다.

운명 해석 방식도 사주명리학은 개인의 성향과 환경적 요인을 분석해 삶의 흐름을 예측하고 조언하는 방식으로 운세를 바꾼다기보다는 주어진 흐름을 이해하고 합리적으로 대응하는 데 초점을 둔다. 반면에 무속은 신의 계시를 통해 길흉을 판단하고, 액운을 막기 위해 굿이나 부적 같은 초자연적 개입을 사용하며 문제 해결을 위한 적극적인 개입이 특징이라고 할 수 있다.

사회적 역할에서 사주명리학은 오늘날 심리 상담, 자기 계발, 진로 컨설팅 등과 결합해 활용되며, 특정 시기의 운세를 분석해 현실적인 방향성을 제시하는 역할을 한다. 무속은 개인뿐만 아니라 공동체의 안녕을 기원하는 역할을 하며, 굿이나 기도 등의 의례를 통해 심리적 안정과 치유를 제공한다.

오늘날 사주명리학은 보다 합리적이고 과학적인 접근 방식을 적용하려는 경향이 있다. 예를 들어, 기업 경영에서 CEO의 사주를 분석해 경영 스타일을 예측하거나, 연애 · 결혼 상담에서 궁합을 보는 등 실용적으로 활용되는 반면, 무속은 여전히 굿 같은 전통적인 의례를 통해 심리적 · 정신적 안정감을 제공하는 역할을 한다. 결과적으로, 사주명리학은 분석과 조언을 통한 운명 해석에 중점을 두고, 무속은 초월적 개입을 통한 문제 해결에 초점을 맞춘다는 점에서 차이가 있다.

현대 사회에서의 활용

진로 탐색과 인성 분석

사주명리학은 개인의 성격 특성 및 역량을 분석해 적성 있는 직업군을 제시하거나, 조직 내 적절한 역할 분담에

도움을 준다.

상담과 심리 치료

사주 해석은 정체성의 확인, 관계 문제 해결, 불안 해소 등 심리적 상담 도구로 활용되며, 실제 상담 심리사들이 보조 도구로 활용하는 사례가 증가하고 있다. 성명학 및 작명과 관련해 사주의 오행적 균형을 고려해 개인에게 유리한 기운을 보완하는 방식으로 이름을 짓는 성명학 역시 실생활에서 활발히 적용되고 있다.

사주명리학은 고대로부터 현대까지 이어지는 종합 인문학이다. 고전 문헌에서 체계화된 이론은 현대에 와서 심리학, 빅데이터 분석 등과 융합되어 인간 이해와 삶의 문제 해결에 실질적인 도구로 활용되고 있다. 앞으로도 명리학은 시대의 변화에 따라 새로운 해석과 응용을 통해 확장될 가능성이 크다.

참고문헌

강헌(2015).『명리: 운명을 읽다』. 돌베개.
강헌(2016).『명리: 운명을 조율하다』심화편. 돌베개.
서대승(1634).『연해자평(淵海子平)』.
심효첨(2015).『자평진전(子平眞詮)평주』. 서락오 주, 박영창 옮김.

도가.
이운정(1995). 『운명의 시계』. 한문화,
『황제내경(黃帝內經)』(2007). 이창일 옮김. 책세상.
현묘(2022). 『나의 사주명리』. 태학사.

02
사주명리학의 성립 과정

사주명리학은 음양오행과 주역의 변화론을 바탕으로 인간의 운명과 성격, 인생의 흐름을 분석하는 동양 철학의 응용학이다. 사주는 태어난 연월일시의 천간과 지지를 통해 형성되며, 일간 중심의 격국 · 용신 분석으로 개인의 기질과 운세를 해석한다. 주역은 사주의 변화 흐름을 철학적으로 해석하며, 음양오행은 사주의 구조와 용신 설정의 기반이 된다. 고대에는 왕실과 정치의 도구였던 사주가 중세에는 민간으로 확산되었고, 현대에는 자아 탐색과 실용적 조언의 도구로 전환되었다.

AI와 MBTI?

사주명리학의 개요

사주명리학은 인간의 운명과 성격을 분석하고 예측하는 동양 철학의 한 갈래로, 천문학과 음양오행설을 기반으로 발전해 왔다. 사주명리학은 개인이 태어난 연(年), 월(月), 일(日), 시(時)를 통해 운명과 길흉화복을 분석하는 학문이다. 이를 통해 인간 삶의 흐름을 파악하고 조화를 이루려는 것이 사주명리학의 궁극적인 목표다.

사주명리학의 근본 이론은 음양오행(陰陽五行) 사상에 기초하고 있다. 음양(陰陽)은 모든 사물과 현상이 상호 대립하면서도 조화를 이루는 기본 원리이며, 오행(五行)은 우주의 모든 만물이 목(木), 화(火), 토(土), 금(金), 수(水) 다섯 가지 원소로 구성된다는 개념이다.

음양(陰陽)은 서로 상반되는 두 가지 기운으로, 자연의 순환과 균형을 유지하는 근본 원리다. 예를 들어, 태양과 달, 남성과 여성, 낮과 밤 등의 개념은 음양에 해당한다. 사주명리학에서는 각 천간과 지지가 음양의 성질을 지니고 있으며, 개인의 사주에서 음양의 조화 여부가 중요한 분석 요소가 된다.

오행(五行)은 자연과 인간의 관계를 설명하는 기본 요소로 다음과 같이 구분된다.

목(木)은 생명력과 성장, 확장하는 기운(봄, 동쪽, 청색)이며, 화(火)는 열정과 변혁, 에너지(여름, 남쪽, 적색)며, 토(土)는 균형과 안정, 변화의 매개체(중앙, 황색)며, 금(金)은 수렴과 단단함, 강인함(가을, 서쪽, 백색)이며, 수(水)는 지혜와 깊이, 유동성(겨울, 북쪽, 흑색)이라고 할 수 있다. 오행은 서로 생(生)하고 극(剋)하는 관계를 이루며, 사주명리학에서는 개인의 오행 구성과 균형이 중요하게 분석된다.

주역과 사주명리학

주역(周易)은 동양 철학에서 중요한 고전으로, 음양과 괘(卦)를 통해 변화의 원리를 설명하는 학문이다. 사주명리학은 주역의 괘상 해석과 밀접한 연관이 있으며, 특히 육십갑자(六十甲子) 체계를 적용해 운명의 흐름을 분석한다. 육십갑자는 10개의 천간(天干)과 12개의 지지(地支)가 조합되어 60년을 주기로 반복되는 체계다.

주역의 괘(卦)는 64가지 변화의 상징으로 이뤄져 있으며, 이는 사주의 흐름과 대운(大運), 세운(歲運)의 변화와 관련된다. 따라서 사주명리학의 해석에서 주역의 원리를 함께 고려하면 더욱 정밀한 분석이 가능하다.

사주명리학의 성립 과정

사주명리학은 중국 고대에서 기원해 수천 년 동안 발전해 온 학문이다. 그 성립 과정은 다음과 같이 정리할 수 있다.

고대 천문학과 사주명리학의 태동

사주명리학의 기원은 고대 중국의 천문학과 자연 철학에서 비롯되었다. 중국 고대 문헌인 『서경(書經)』과 『역경(易經)』에서도 음양오행 사상이 등장하며, 하도(河圖)와 낙서(洛書)를 바탕으로 한 점성술적 해석이 이뤄졌다.

한(漢)대 이후 육십갑자의 확립

한대(漢代) 이후, 천문학과 역법이 발달하면서 육십갑자 체계가 정립되었다. 이는 10개의 천간과 12개의 지지를 조합해 시간의 흐름을 주기적으로 이해하는 방식으로, 오늘날 사주명리학의 기초가 되었다. 특히, 『황제내경(黃帝內經)』에서는 인간의 건강과 기운을 음양오행과 연관 짓는 개념이 등장해 사주학의 이론적 기반을 마련했다.

당(唐)대 이허중(李虛中)의 사주 연구

사주명리학이 체계적으로 발전한 시기는 당대(唐代)로, 학자 이허중(李虛中)이 처음으로 연월일(年月日)을 활용해 운명을 분석하는 기법을 정립했다. 그는 개인의 출생 연월일에 따라 운명을 해석하는 방법론을 제시했으며, 이후 사주명리학의 초석을 다졌다.

송(宋)대 서자평(徐子平)의 사주학 체계화

송대(宋代)에 이르러 서자평(徐子平)이 기존 사주학을 더욱 체계적으로 정리해 오늘날의 사주명리학 기초를 확립했다. 그는 '사주팔자(四柱八字)' 개념을 도입해 연월일시(四柱)를 통한 보다 정밀한 분석법을 제시했다. 이후 서자평의 이론이 『자평진전(子平眞詮)』 등의 저서를 통해 보급되며, 동아시아 전역에서 사주명리학이 널리 연구되었다.

사주 음양오행 주역의 연관성

사주명리학은 인간의 삶을 이해하고 예측하는 고대 동양 철학의 결정체다. 이를 구성하는 핵심 요소는 바로 음양오행론(陰陽五行論)이며, 그 철학적 기초에는 주역(周易)의 변화 사상이 뿌리 깊게 자리하고 있다.

사주는 태어난 연월일시를 기준으로 해 네 개의 기둥으로 구성되며, 각 기둥은 천간(天干)과 지지(地支)로 이뤄진다. 이 간지 체계는 곧 음양오행론에 기초하고 있다. 음양은 모든 존재의 이원성(二元性)을 설명하는 기본 원리로, 사주의 천간과 지지는 모두 음양으로 구분된다. 예를 들어, 갑(甲), 병(丙), 무(戊) 등은 양(陽), 을(乙), 정(丁), 기(己) 등은 음(陰)이다.

오행(木火土金水)은 자연계의 다섯 요소를 의미하며, 각각 상생(相生)과 상극(相剋)의 관계로 연결된다. 이는 사주에서 일간(日干)의 강약을 판단하고, 용신(用神)을 설정하는 핵심 기준이 된다.

주역의 변화 사상과 사주의 철학적 토대

주역은 음양의 변화 원리를 64괘로 체계화한 것으로, 변화와 순환의 철학이다. 이 변화 원리는 사주의 흐름 - 즉, 대운과 세운, 그리고 운명의 전개 과정 - 과 밀접하게 연결된다.

괘(卦)와 음양과 관련해 주역의 괘는 양효(━)와 음효(╍)의 조합으로 이뤄져 있으며, 이는 곧 사주에서 간지의 음양과 구조적으로 일치한다. 주역의 건(乾)괘는 원형이정(元亨利貞)이라는 사덕을 갖는다. 이는 사주명리학에서 용신과 희신을 설정할 때, 어떤 방향으로 삶을 유도할 것인가를 철학적으로 보완하는 기준이 된다.

고대 문헌들은 이미 사주, 음양오행, 주역의 유기적 통합을 실천하고 있었다. 특히 다음 문헌들은 그 중심에 있다.

『황제내경』은 의학 경전이지만, '인체는 천지와 응한다'는 사상이 명확히 드러나며, 이는 사주명리학에서 인간을 우주적 흐름 속 존재로 보는 관점을 공유한다. 『주역』 공자와 역학자들이 음양오행을 해석해 변화의 이치를 담은 이 고전은, 명리학의 철학적 기반이다. 괘사와 효사를 통한 해석은 사주 해석의 흐름과 일치한다.

『적천수』는 명리학의 최고 고전 중 하나로, 오행의 상생상극과 음양 조화를 통해 사주를 해석한다. 특히 주역적 언어로 설명되는 구절이 많다. 현대 학자들은 이 고전 체계를 보다 체계적으로 분석하고 있다. 최근 연구들은 명리학, 역학, 철학, 심리학을 통합하려는 시도를 보여준다.

사주 해석에서 대운과 세운은 변화의 흐름이다. 이는 주역의 괘변(卦變) 구조와 매우 흡사하다. 예를 들어, 갑목(甲木) 일간이 신금(辛金) 운을 맞을 때, 주역에서는 금극목(金剋木)의 괘상으로 해석할 수 있다. 이를 통해 단순한 오행의 논리를 넘어 변화의 방향성과 지향성을 철학적으로 제시할 수 있다.

시대에 따른 사주의 변화

사주는 시대의 흐름에 따라 해석 방식과 활용 범위가 변화해 왔다. 고대 사회에서는 사주가 왕실과 귀족 계층에서 정치적 결정과 군사 전략을 세우는 데 활용되었다. 주로 황제의 즉위, 전쟁 시기, 국가 운영 등의 중요한 결정에 앞서 사주를 통해 길흉을 판단했다. 또한 개인의 출생 사주는 그 사람의 사회적 역할과 지위를 결정하는 중요한 요소로 작용했다.

중세로 접어들면서 사주는 점차 민간으로 확산되었고, 일반 백성들도 개인의 운명을 점치는 도구로 활용하게 되었다. 특히 조선 시대에는 성리학과 결합해 사주명리학이 체계화되었으며, 관상학 및 풍수지리와 함께 인간의 운명을 분석하는 중요한 학문으로 자리 잡았다. 이 시기에는 개인의 운명뿐만 아니라 가문의 번영과 사회적 성공을 예측하는 도구로 사주가 널리 사용되었다.

근대에 들어서면서 서구 과학의 발전과 함께 사주는 점차 학문적 연구보다는 대중적인 점술로 인식되기 시작했다. 하지만 여전히 한국과 중국, 일본 등지에서는 사주가 중요한 전통문화로 자리 잡고 있으며, 결혼, 사업, 직업 선택 등 다양한 삶의 결정에 영향을 미치고 있다.

현대에는 사주명리학이 보다 개인적인 성장과 심리 분석 도구로 활용되고 있다. 특히 21세기 들어서는 데이터 분석과 심리학적 접근이 결합되어 사주가 단순한 운세 풀이를 넘어 성향 분석, 자기 계발, 커리어 상담 등 다양한 용도로 활용되고 있다. 또한, 현대 사회의 변화에 따라 사주의 해석 방식도 변화하고 있다. 예를 들어, 전통적으로 남성과 여성의 역할이 명확히 구분되었던 과거와 달리, 현대에서는 성별 구분 없이 사주를 분석하는 경향이 강해지고 있으며, 직업군의 다양화로 인해 기존의 직업 운 해석 방식도 보다 유연하게 변화하고 있다.

사주, 음양오행, 주역의 통합적 이해

사주, 음양오행, 주역은 개별적인 학문이 아니라 서로 유기적으로 연결되어 있는 체계다. 사주는 개인의 운명을 구체적으로 분석하는 도구이며, 음양오행은 그 분석의 기반이 되는 원리다. 주역은 이러한 원리를 보다 철학적인 차원에서 설명하며, 변화를 통해 균형을 찾는 방법을 제시한다.

현대에서도 이러한 원리는 심리학, 경영학, 의학 등의 분야에서 응용되고 있다. 개인의 성향을 파악하고, 조직 내에서 조화를 이루는 데에 음양오행을 활용할 수 있으며, 변화하는 환경에 적응하는 전략을 수립하는 데 주역의 원리를 적용할 수도 있다.

결론적으로, 사주와 음양오행, 주역은 모두 자연과 인 동양 철학연구간의 관계를 탐구하는 학문이다. 이들을 통합적으로 이해하면 보다 깊이 있는 자기 탐구와 삶의 조화를 이루는 데 도움을 받을 수 있다.

참고문헌

김충현(2019). 사주명리학의 시대적 특징에 관한 연구: 명리고전에 나타난 사주사례를 중심으로. 경기대학교 예술대학원 석사 논문.

남창환 외(2019). 『사주명리학 개론』. 좋은땅.

『황제내경(黃帝內經)』(2007). 이창일 옮김. 책세상.

03
사주 해석의 주요 요소

사주는 한 사람이 태어난 연 · 월 · 일 · 시라는 시간적 좌표를 바탕으로, 음양오행과 천간지지의 조화를 통해 그 사람의 운명과 성향을 해석하는 도구다. 이는 우주의 원리와 기운이 특정 시공간에서 결합해 개인의 삶에 영향을 미친다는 명리학적 이해에 기반한다. 사주팔자는 네 개의 기둥(연 · 월 · 일 · 시)과 여덟 글자로 구성되며, 이를 통해 개인의 성격, 운세, 그리고 삶의 방향성을 분석할 수 있다. 이러한 해석은 음양의 균형, 오행의 상생상극, 그리고 천간과 지지의 상호작용이라는 원리를 중심으로 이뤄진다.

AI와 난임 극복?

사주 해석의 본질과 중요성

사주(四柱)란 태어난 연(年), 월(月), 일(日), 시(時)를 간지(干支)로 나타낸 명리학적 체계를 의미한다. 인간의 운명과 성향을 분석하는 학문인 명리학(命理學)은 단순한 점술이 아닌, 철저한 논리와 경험적 데이터를 바탕으로 한 동양 철학의 중요한 한 분야다. 사주 해석은 개인의 타고난 기질, 인생의 흐름, 대운과 세운의 변화 등을 분석해 현실적인 조언을 제공하는 역할을 한다.

사주 해석의 핵심은 단순히 간지의 의미를 기계적으로 해석하는 것이 아니라, 전체적인 흐름 속에서 변수를 종합적으로 고려하는 '통변(通變)'에 있다. 즉, 사주를 구성하는 각 요소의 상호 작용을 읽어내고, 이를 현실 속에서 어떻게 활용할 것인가를 분석하는 것이 중요하다. 본 글에서는 사주 해석의 기본 원리와 응용, 그리고 실전 통변 기법에 대해 심도 있게 다루고자 한다.

사주 해석의 기본 원리

사주는 네 개의 기둥(四柱)으로 이뤄져 있으며, 각각이 하늘의 기운인 '천간(天干)'과 땅의 기운인 '지지(地支)'로 구성된다. 이를 종합해 총 여덟 개의 글자(八字)가 만들어진다.

천간(天干)과 지지(地支)는 다음과 같다.

천간은 갑(甲), 을(乙), 병(丙), 정(丁), 무(戊), 기(己), 경(庚), 신(辛), 임(壬), 계(癸)의 열 개 글자로 이뤄져 있으며, 오행(五行)과 음양(陰陽)의 속성을 가진다.

지지는 자(子), 축(丑), 인(寅), 묘(卯), 진(辰), 사(巳), 오(午), 미(未), 신(申), 유(酉), 술(戌), 해(亥)의 열두 개 글자로 구성되며, 십이운성(十二運星)과 삼합(三合), 육합(六合), 충(沖), 형(刑), 파(破) 등의 관계를 형성한다.

오행과 음양의 조화가 핵심이다. 사주의 핵심적인 해석 기준은 오행(木, 火, 土, 金, 水)의 균형과 음양(陰陽)의 조화다. 인간의 삶은 자연의 법칙과 밀접한 연관이 있으며, 사주에서 오행이 균형을 이룰 때 인생의 흐름이 순탄하며, 특정 오행이 과하거나 부족할 경우 문제점이 발생할 가능성이 높다.

용신(用神)과 희신(喜神)의 개념은 다음과 같다. 용신(用神)이란 사주에서 가장 필요한 기운을 의미하며, 이는 개인의 삶의 방향성을 결정짓는 중요한 요소다. 희신(喜神)은 용신을 돕는 역할을 하며, 반대로 기피해야 할 요소를 기신(忌神)이라고 한다. 예를 들어, 화(火)가 과한 사주에서는 수(水)를 용신으로 설정해 균형을 맞추려 한다.

사주 통변의 핵심 기법

사주를 해석하는 과정에서 단순히 천간과 지지를 읽는 것이 아니라, 다양한 기법을 활용해 심층적인 분석을 해야 한다.

명(命)과 운(運)의 조화에 대해 살펴보면 다음과 같다. 사주는 크게 '명(命)'과 '운(運)'으로 나뉜다. 명은 타고난 사주 원국(命式)이며, 운은 대운(大運)과 세운(歲運)의 변화를 의미한다. 같은 사주를 가진 사람도 대운과 세운에 따라 삶의 흐름이 완전히 달라질 수 있다.

예를 들어, 원국이 강한 화(火)의 기운을 가지고 있는 사람이 30세부터 수(水)의 대운에 접어들면, 인생의 방향이 변화할 가능성이 크다. 이러한 점을 고려하지 않고 단순히 원국만 해석한다면 실제 현실과 동떨어진 해석이 될 수 있다.

대운과 세운의 분석은 매우 중요하다. 대운은 10년 단위로 변화하는 기운이며, 세운은 매년 변하는 기운이다. 대운의 흐름을 분석하면 인생의 큰 변곡점을 예측할 수 있으며, 세운은 특정한 해에 일어날 주요 사건을 예측하는 데 사용된다.

예를 들어, 사주에서 금(金)이 부족한 사람이 경금(庚金)의 대운을 맞이하면, 본인의 부족한 부분이 보완되어 좋은 기회를 얻을 가능성이 크다. 반대로 이미 금(金)이 많은 사람이 또다시 금(金)의 대운을 맞이하면 지나친 강함으로 인해 충돌이나 갈등이 발생할 수도 있다.

신강과 신약의 판단

사주를 해석할 때, 가장 먼저 해야 할 것은 신강(身強)인지 신약(身弱)인지를 판단하는 것이다. 신강한 사주는 본인의 기운이 강해 외부 환경에 크게 영향을 받지 않으며, 신약한 사주는 외부 환경의 영향을 많이 받는다.

예를 들어, 일간(日干)이 강한 경우에는 자신의 주관이 뚜렷하며 독립적인 성향이 강하다. 반대로 신약한 경우에는 주변 환경이나 타인의 도움을 필요로 하는 경우가 많다.

직업과 재물 운의 분석은 다음과 같다.

사주에서 직업 운과 재물 운은 재성(財星)과 관성(官星), 식상(食傷)을 중심으로 분석한다. 재성이 강한 경우는 돈을 다룰 줄 아는 능력이 뛰어나며, 사업가적 기질이 있다. 관성이 강한 경우는 조직 속에서 리더십을 발휘하며, 공직이나 회사에서의 승진 운이 좋다. 식상이 강한 경우는 창의력과 표현력이 뛰어나며, 예술이나 자유로운 직업에서 두각을 나타낸다. 예를 들어, 재성이 강한 사주는 사업을 통해 부를 축적할 가능성이 크며, 관성이 강한 사주는 안정적인 직장 생활이 유리하다.

사주 해석의 고전적 원리, 『연해자평』과 『자평진전』

고전 명리학에서 가장 큰 영향을 미친 두 문헌은 송나라 서자평(徐子平)의 사상을 담은 『연해자평』과 청나라 진소암(陳素庵)의 『자평진전』이다. 『연해자평』은 사주팔자의 구조 해석에 중점을 두었으며, 『자평진전』은 격국과 용신 설정에 보다 체계적인 기준을 제시했다. 이들 문헌은 사주의 해석을 단순한 오행의 분석을 넘어, 인간의 인생 흐름에 대한 총체적 이해로 확장시켰다.

격국론은 월지와 일간의 관계를 중심으로 사주의 근본 틀을 결정하는 방법이다. 예를 들어, 관격(官格)은 일간이 관성을 중심으로 구성되어 있는 경우로, 인성과 재성의 분포에 따라 길흉이 달라진다. 고전에서는 격국에 맞는 용신을 취하는 것이 해석의 핵심이라고 보았다.

용신의 중요성은 여전하다. 용신은 사주의 조화를 이루는 핵심 요소로, 일간의 강약과 오행의 균형에 따라 결정된다. 고전에서는 일간이 강하면 이를 억제하는 오행을, 약하면 보완하는 오행을 용신으로 삼는다고 했다. 『적천수』는 용신 판단 시 계절적 기운과 월령(月令)의 중요성을 강조한다.

대운과 세운의 활용과 관련해, 사주는 고정된 구조가 아니며, 대운과 세운을 통해 시간에 따른 변화 양상을 함께 살펴야 한다. 고전 명리학에서는 10년 단위의 대운 흐름을 통해 인생의 기복을 예측하고, 해마다 변화하는 세운을 통해 사건의 발생 가능성을 판단했다.

현대 문헌의 사주 해석 방법

현대 명리학은 전통적인 음양오행 이론에 심리학을 접목시키려는 시도가 늘어나고 있다. 김동완(2011)은 『명리정수』에서 사주의 십신을 심리 유형으로 재해석하며, 개인의 성향, 관계 패턴, 직업 성향 등을 도출하는 데 활용했다.

이은영 외(2022)의 연구는 수천 개의 사주 데이터를 바탕으로 사주의 구조와 직업, 결혼 시기, 성격 간의 상관관계를 통계적으로 분석했다. 이는 사주 해석이 주관적 추론에서 벗어나, 데이터 기반 예측으로 나아가고 있음을 보여 준다.

현대 명리학자는 엑셀이나 사주 프로그램 등을 이용해 빠르고 정확한 명조 분석을 시도한다. 이들은 결국,

용신, 대운 등의 구조를 시각적으로 보여 주며, 사용자 중심의 해석 접근을 가능하게 한다.

사주 해석의 핵심 요소별 분석을 살펴본다.

먼저 일간(日干)은 사주의 중심축으로, 해석의 기준이 된다. 일간의 오행과 강약, 주변에 위치한 지지와 천간의 조합에 따라 전체 명조의 성향이 결정된다.

월령(月令)은 월지의 오행은 명조의 계절적 기운을 상징하며, 일간의 강약 판단에 결정적이다. 고전에서는 월령을 통해 격국을 설정하고, 용신을 선정하는 기준으로 삼았다.

격국(格局)은 일간과 월지의 조합으로 이뤄지는 명조의 골격으로, 전체 해석의 방향성을 결정한다. 예를 들어 인성격, 식신격, 재격, 관격, 인격 등 다양한 유형이 있으며, 격국의 성립 여부에 따라 명조의 질이 평가된다.

용신과 희신, 기신, 구신과 관련해 용신은 오행의 균형을 잡는 핵심이며, 희신은 용신을 돕는 기운, 기신은 해를 끼치는 기운, 구신은 명조에서 중요하지만 취하지 못하는 기운으로 설명된다. 이 체계를 통해 명조의 전체적 조화 여부를 해석한다.

십신 체계에서 십신은 일간과의 관계를 중심으로 구성된다: 비견, 겁재, 식신, 상관, 편재, 정재, 편관, 정관,

편인, 정인. 각 십신은 가족 관계, 재물, 직업, 사회적 위치 등을 상징한다.

대운과 세운과 관련해 대운은 인생의 10년 주기 운세 흐름을 나타내며, 세운은 해마다 변화하는 운세다. 이 흐름을 분석함으로써 사주의 정체적 해석이 아니라, 동적인 인생 변화 예측이 가능하다.

신살(神煞)의 활용과 관련해 현대에는 덜 강조되나, 고전에서는 도화살, 백호, 겁살 등 신살 개념이 중요하게 여겨졌다. 이는 특정 사건의 발현 가능성을 보조적으로 판단하는 데 사용된다.

대운 흐름에 따른 용신 작용 변화와 관련해, 용신은 고정된 개념이 아니며, 대운이나 세운에 따라 유효성과 역할이 달라질 수 있다. 예를 들어 수를 용신으로 삼은 사람이 수운을 맞을 경우 대체로 길하지만, 지나친 수기 과다로 인한 해로움도 고려해야 한다. 반대로 기신 운에 접어들면 불리한 사건 발생 가능성이 높아진다. 이때 용신의 역할은 '보완'과 '조절'이라는 관점에서 유동적으로 해석해야 한다.

사주 해석은 고전적 이론 체계를 바탕으로, 현대에 와서는 심리학, 데이터 과학, 상담학 등과 융합되며 확장되고 있다. 해석자는 고전 문헌의 원리를 기반으로 하되,

현대적 시각과 도구를 활용해 보다 구체적이고 실질적인 해석을 제시해야 한다. 명리학의 본질은 인간과 세계를 이해하려는 노력이며, 그 중심에는 언제나 '조화와 균형'이라는 동양 철학의 핵심 가치가 존재한다.

사주 해석은 단순한 점술이 아니라, 삶의 방향성을 찾고 자신을 이해하는 하나의 도구다. 이를 통해 자신의 장점과 단점을 파악하고, 더 나은 미래를 설계하는 데 활용할 수 있다. 중요한 것은 사주를 맹신하는 것이 아니라, 이를 통해 삶의 균형과 조화를 찾는 데 의미를 두는 것이다.

참고문헌

강헌(2015). 『명리: 운명을 읽다』. 돌베개.
강헌(2016). 『명리: 운명을 조율하다 』심화편. 돌베개.
김춘기(2001). 『사주원리』. 백산.
서대승(1634). 『연해자평(淵海子平)』.
심효첨(2015). 『자평진전(子平眞詮)평주』. 서락오 주, 박영창 옮김. 도가.
『황제내경(黃帝內經)』(2007). 이창일 옮김. 책세상.
『적천수천미(滴天髓闡微)』(2002). 김동규 옮김. 명문당.
현묘(2022). 『나의 사주명리』. 태학사.

04
인공지능과 사주 해석

AI와 사주명리학의 결합은 전통 동양 철학과 현대 기술의 융합으로, 개인의 운명과 성향을 분석하는 방식에 변화를 주고 있다. 사주는 연 · 월 · 일 · 시의 네 기둥을 중심으로 천간, 지지, 오행, 음양, 십신 등을 종합 분석하며, 일간의 성격과 운세 흐름을 판단한다. AI는 방대한 데이터를 기반으로 정밀하고 일관된 해석을 제공하고, 딥 러닝과 자연어 처리를 통해 고전 문헌을 현대화하며 자동 해석 시스템 개발도 가능하게 한다. 그러나 직관과 자유 의지를 반영하기 어려운 한계가 있고, 맹신의 위험도 존재한다.

AI와 사주?

사주의 기본 개념과 AI의 역할

사주(四柱)는 인간의 운명과 성격을 분석하는 전통적인 동양 명리학의 한 방법으로, 태어난 연(年), 월(月), 일(日), 시(時)의 네 기둥으로 구성된다. AI 시대에는 이러한 전통적 사주 분석이 데이터 기반의 정밀한 해석과 결합해 더욱 발전하고 있다.

『연해자평』, 『적천수해석』, 『자평진전』 등 고전 명저들은 사주 해석의 이론적 틀을 마련했다. 이들 문헌은 사주의 원리, 격국론, 용신 선정, 대운 분석 등에 대한 기본 틀을 제시하며 오늘날의 해석 체계에 큰 영향을 주었다.

AI는 방대한 사주 데이터를 학습해 보다 정밀한 해석을 제공하고, 개인 맞춤형 운세 분석을 가능하게 만든다. 또한 전통적인 명리학에서는 한정된 경험과 지식을 가진 전문가가 해석을 제공했다면, AI는 수많은 사례를 기반으로 객관적이고 일관된 해석을 제시할 수 있다.

AI는 인간의 학습, 추론, 문제 해결 기능을 모방하는 기술로, 특히 딥 러닝과 자연어 처리(NLP), 머신 러닝(machine learning)의 급진적 발전은 다양한 분야에서 기존 해석 방식에 변화를 가져왔다. 이러한 기술은 사주 해석에서도 데이터 기반 해석과 예측, 자동화 분석 등으로 응용 가능하다.

AI는 방대한 사주 데이터를 학습해 특정 패턴을 파악할 수 있다. 예컨대 수천 개의 사주명조와 그 사람들의 인생 경로를 분석해 특정 패턴이 재현되는 확률을 추출하거나, 같은 구조의 명조가 어떤 성향이나 경향성을 보이는지를 통계화할 수 있다.

자연어 처리를 활용한 자동 해석 시스템

딥 러닝 기반의 자연어 처리 모델은 고전 문헌의 문장 구조를 분석하고 현대 언어로 재해석할 수 있다. 이를 통해 『적천수』 등의 해석을 자동으로 요약하거나, 개별 명조에 따른 고전 기반 해석을 제공하는 시스템이 가능해진다.

사주 해석의 핵심 요소

사주(四柱)는 태어난 연(年), 월(月), 일(日), 시(時)의 네 기둥을 의미하며, 이를 통해 인간의 타고난 운명과 성향을 분석하는 학문이다. 사주 해석은 단순히 네 개의 기둥을 보는 것이 아니라, 그 안에 포함된 천간(天干)과 지지(地支)의 관계, 오행(五行)의 조화, 운세의 흐름 등을 종합적으로 판단해야 한다. 본 글에서는 사주 해석에서 필수적으로 고려해야 할 핵심 요소들을 상세히 설명한다.

음양(陰陽)과 오행(五行)의 조화 여부가 우선 고려 사항이다.

음양은 만물의 근본 원리로, 모든 음과 양의 균형 속에서 존재한다. 사주에서는 각 기둥에 속하는 천간과 지지가 음인지 양인지에 따라 성향이 달라진다.

양(陽)은 적극적이고 외향적인 성질(예: 갑목, 병화, 무토 등)이며, 음(陰)은 내향적이고 유연한 성질(예: 을목, 정화, 기토 등)을 가진다. 이와 함께 오행(목, 화, 토, 금, 수)은 상생(相生)과 상극(相剋)의 원리에 따라 작용한다. 특정 오행이 지나치게 강하거나 부족하면 조화를 이루지 못해 문제를 일으킨다. 예를 들어, 수(水)가 많으면 감정 기복이 크고 우울할 가능성이 높으며, 화(火)가 강하면 성격이 급하고 충동적일 수 있다.

다음은 천간(天干)과 지지(地支)의 관계다. 천간과 지지는 각각 10개, 12개로 구성되어 있으며, 이들이 결합해 사주를 형성한다. 천간은 오행의 본질을 나타내며, 지지는 보다 구체적인 성질과 기운을 포함하고 있다.

천간에는 갑(甲), 을(乙), 병(丙), 정(丁), 무(戊), 기(己), 경(庚), 신(辛), 임(壬), 계(癸)로 구성되어 있고, 지지에는 자(子), 축(丑), 인(寅), 묘(卯), 진(辰), 사(巳), 오(午), 미(未), 신(申), 유(酉), 술(戌), 해(亥)가 포함되어

있다.

특정 조합은 서로 보완적이거나 충돌하는 관계를 형성한다. 예를 들어, 천간에서 병화(丙火)와 임수(丙水)가 만나면 극(剋)의 관계가 형성되며, 일간의 성향에 따라 갈등이 심화될 수도 있다. 반면, 갑목(甲木)과 기토(己土)는 서로 조화를 이루며 성장과 안정을 가져올 수 있다.

일간(日干)의 중요성

사주에서 가장 중요한 것은 일간(日干)이다. 이는 개인의 본성을 나타내며, 이를 중심으로 주변의 오행과 관계를 분석해야 한다. 목(甲, 乙)은 성장과 창의성, 개척 정신을 중시하고, 화(丙, 丁)는 열정적이고 강한 추진력을 지니고 있다.

토(戊, 己)는 현실적이고 안정적인 성향을 보이고, 금(庚, 辛)은 목표 지향적이며, 수(壬, 癸)는 유연하고 지혜로운 성향을 보인다. 예를 들어, 일간이 임수(壬水)라면 지혜롭고 유연한 성향을 지니지만, 주변 환경에 따라 안정적이거나 우유부단할 수도 있다.

용신(用神)과 희신(喜神)

사주에서 균형을 맞추기 위해 가장 필요한 오행을 용신(用神)이라 하며, 이를 보조하는 역할을 하는 희신(喜神)이 존재한다. 반면, 사주의 균형을 깨뜨리는 요소를 기신(忌神)이라 한다. 예를 들어, 일간이 약한 병화(丙火)라면 이를 도와줄 수 있는 목(木)이 용신이 되고, 추가적인 균형을 맞추는 요소로 토(土)가 희신이 될 수 있다. 반대로 금(金)이 지나치게 강하면 병화를 극해 운이 나빠질 수 있다.

대운(大運)과 세운(歲運)의 흐름

사주는 고정된 운명이 아니라, 대운과 세운의 흐름에 따라 변한다. 대운은 약 10년 단위로 변하며, 세운은 매년 변하는 기운을 의미한다. 대운(大運)은 개인의 전반적인 흐름을 결정하는 요소고, 세운(歲運)은 특정 연도에 발생하는 영향 분석에 사용된다.

예를 들어, 대운에서 수(水)의 기운이 강해지는 시기에 태어난 사람이 본래 수가 부족한 사주를 가졌다면 긍정적인 변화가 일어날 가능성이 크다. 반대로, 원래 수가 강한 사람이 수 대운을 맞으면 오히려 과다해 불리한 운이 될 수 있다.

십신(十神)의 분석

십신은 사주의 관계성을 분석하는 중요한 개념으로, 개인의 성격과 대인 관계를 파악하는 데 도움을 준다.

비견(比肩), 겁재(劫財)는 경쟁과 자립심을, 식신(食神), 상관(傷官)은 창의력과 표현력이 뛰어나고, 편재(偏財), 정재(正財)는 재물과 현실 감각을 지니며, 편관(偏官), 정관(正官)은 사회적 역할과 책임감이 강한 성향을 보이며, 편인(偏印), 정인(正印)은 지혜와 학문적 성향을 보인다.

예를 들어, 정관이 강한 사람은 책임감이 높고 사회적으로 신뢰를 받지만, 너무 강하면 지나치게 보수적인 성향을 띨 수도 있다.

이번에는 충(沖), 형(刑), 해(害), 합(合)의 관계를 살펴본다. 사주에서는 특정한 관계가 형성될 때, 운세에 강한 영향을 미친다.

합(合)은 좋은 인연이나 협력 관계를 형성하고, 충(沖)은 갈등과 변화의 요소를 이끌고, 형(刑)은 제한과 압박, 긴장 요소를 가지며, 해(害)는 교묘한 방해와 손실을 입힐 수 있다.

예를 들어, 자(子)와 오(午)는 충(沖)의 관계로, 이런 조합이 사주에 많으면 갈등과 변화가 많아질 가능성이 크다. 반면, 해(亥)와 인(寅)이 조합을 이루면 긍정적인 협력 관계를 형성할 수 있다.

AI 기반 사주 분석의 장점

AI는 수천 년간 축적된 명리학 데이터를 분석해 보다 과학적인 접근 방식을 제공한다.

개인 맞춤형 해석: 기존 사주 해석은 정형화된 틀을 따랐지만, AI는 개별적인 패턴을 찾아 보다 정교한 운세 분석을 제공할 수 있다.

빠르고 정확한 분석: AI는 복잡한 사주 구조를 단시간 내에 분석해 인간보다 빠르게 종합적인 결과를 도출할 수 있다.

실시간 업데이트 가능: 기존 사주는 한 번 해석하면 끝이었지만, AI는 변화하는 환경과 삶의 상황을 반영해 실시간으로 업데이트된 해석을 제공할 수 있다.

AI가 적용된 사주 해석 방법

AI는 수많은 사주 데이터를 학습해 특정 패턴을 발견하고, 이를 바탕으로 개별적인 운세를 예측한다. 예를 들어, 과거의 성공한 인물들의 사주와 현재 사용자의 사주를 비교해 유사한 흐름을 예측할 수 있다.

기존의 사주 해석은 전문가의 경험과 직관에 의존하는 경우가 많았지만, AI는 머신 러닝을 활용해 오차를 줄이고 보다 객관적인 분석을 제공한다. 예를 들어, 특정 시기의 대운이 과거 유사한 사례에서 어떤 영향을 미쳤는지를 분석해 신뢰도 높은 예측을 가능하게 한다. 기존의 사주 해석은 같은 사주를 가진 사람들에게 동일한 결과를 제공하는 경향이 있었다. 하지만 AI는 개인의 라이프스타일, 성향, 현재 상황 등을 반영해 보다 개인화된 운세를 제공할 수 있다.

AI 시대의 사주 해석의 실제 적용

직업 및 진로 분석과 관련해 AI는 사주를 기반으로 개인이 성공할 가능성이 높은 직업군을 추천할 수 있다. 또 AI는 과거 재물 운의 흐름을 분석해 개인의 재정 관리 및 투자 전략에 도움을 줄 수 있다.

건강관리와 관련해서는 AI는 사주와 건강 데이터를 결합해 특정 시기에 건강에 유의해야 할 점을 미리 예측할 수 있다. 인간관계 및 궁합 분석에서 AI는 사주 데이터를 바탕으로 개인의 성향과 궁합을 분석해 보다 원활한 대인 관계를 유지할 수 있도록 도와준다.

AI 기반 사주 해석의 한계

정신적 요소 부족

AI는 논리적인 분석에는 강하지만, 인간이 느끼는 직관적인 부분이나 정신적 요소는 반영하기 어렵다.

개인의 자유 의지 반영 부족

AI는 과거 데이터를 기반으로 예측하지만, 인간의 선택과 의지는 운명을 변화시킬 수 있는 중요한 요소이므로 한계가 존재한다.

맹신의 위험

AI가 제공하는 해석이 정확하더라도, 이를 절대적인 진리로 받아들이는 것은 경계해야 한다.

AI 시대의 사주 해석은 전통적인 명리학과 현대 기술이 결합된 새로운 형태로 발전하고 있다. 데이터 기반의 정밀한 분석과 개인 맞춤형 해석을 제공할 수 있지만, 인간의 직관과 자유 의지를 고려하지 못하는 한계도 있다. 따라서 AI 사주 해석을 하나의 참고 자료로 활용하되, 삶의 방향은 스스로 결정하는 균형 잡힌 접근이 필요하다.

참고문헌

김대환(2023). 사주명리학 빅데이터 구성을 위한 애플리케이션 제작과 활용방안 연구: 사주명식 데이터 수집과 공유 체제를 중심으로. 공주대학교 대학원 박사 논문.

서대승(1634). 『연해자평(淵海子平)』.

심효첨(2015). 『자평진전(子平眞詮)평주』. 서락오 주, 박영창 옮김. 도가.

05
사주와 격국론

격국론은 개인의 성격과 운명을 해석하는 핵심 이론으로, 사주 전체의 기세와 구조를 파악하는 출발점이다. 격국은 일간과 월지의 상호작용을 중심으로 오행 간의 조화와 기세 흐름을 분석하며, 이를 통해 용신과 희기신의 방향성이 결정된다. 『자평진전』은 격국을 명의 뼈대로 설명하며, 『적천수』, 『연해자평』 등 고전서들도 격국을 해석의 중심으로 삼았다. 격국 성립을 위해서는 월지의 통근, 사주 내 오행의 일관된 흐름, 상극의 최소화 등이 필요하다. 격국론은 단순히 성향 분석을 넘어 개인의 인생 방향성과 잠재력을 포착하는 데 중요한 기준이 된다.

AI와 아이돌?

격국의 정의와 이론적 기초

격국이란, 명조 내 일간(日干)과 월지(月支) 및 지지의 상호관계를 통해 형성되는 오행의 기세 구조를 말한다. 『자평진전』에서는 "격자 명지골야(格者, 命之骨也)"라고 해, 격국이 곧 명(命)의 뼈대라고 설명한다. 격국은 일간의 통근 여부, 월지의 지장간 구성, 시지 · 년지의 보조 작용 등 다양한 요소를 종합해 성립된다. 격국은 총론적으로 정격과 변격으로 나뉘며, 정격은 오행의 기세가 뚜렷하고 안정된 구조이고, 변격은 특수한 상황에서 성립되는 이례적 구조다.

격국은 한 개인의 운명적 성질, 내재된 성향, 사회적 위치, 그리고 타고난 사명과 역할을 종합적으로 나타내는 개념적 체계다. 격국은 단순히 길흉화복을 예측하는 도구를 넘어, 그 사람의 본질적 성격과 삶의 방향성, 잠재적 가능성과 한계를 이해하는 데 중요한 기준이 된다.

격국의 종류

격국은 크게 팔정격(八正格) 체계와 십격(十格) 체계로 구분된다.

팔정격(八正格)은 사주 전체의 약 70~80%를 차지하는 표준적 구조로, 격국이 명확하면 인생의 방향성, 적성, 사회적 역할을 뚜렷하게 파악할 수 있다. 팔정격은 식신격, 상관격, 정재격, 편재격, 정관격, 편관격, 정인격, 편인격의 여덟 가지로, 사주명리학에서 가장 기본적이고 널리 쓰이는 격국 분류법이다. 이 격국들은 월지와 그 지장간의 오행 및 십신 관계로 결정되며, 사주 해석의 핵심 기준이 된다. 일부 학자나 현대 해석에서는 비견격(建祿格), 겁재격(羊刃格)까지 포함해 십정격(十正格)으로 확장하기도 한다.

격국은 주로 월지(月支), 즉 태어난 달의 지지와 그 속에 숨은 천간(지장간)의 기운을 기준으로 결정된다. 월지는 태어난 시기의 계절적 기운을 담고 있어, 개인의 본질적 성향과 운명의 방향성을 결정짓는 핵심 요소로 작용한다. 일간(日干)은 개인의 자아와 현실 대응 방식을 상징하고, 월지는 환경적 요소와 외부 영향력을 나타낸다. 이 둘의 상호작용을 통해 격국이 정해지며, 이는 곧 그 사람의 성격, 잠재력, 사회적 역할을 결정한다.

비견격(比肩格)은 일간과 동일한 오행이 월지에 존재하는 경우로, 자립심과 독립성이 강한 구조다. 식신격 · 상관격(食神格 · 傷官格)은 일간의 생출 오행이 월지를 점한 경우로, 표현력과 창조성이 강조된다. 재성격(財星格)은 일간이 극하는 오행이 중심에 있을 때 형성되며,

현실 지향과 경영 능력이 주요 특성이다. 관성격(官星格)은 일간을 극하는 오행이 주도하며, 규범과 책임, 공적 역할이 강조된다. 인성격(印星格)은 일간을 생하는 오행이 강세를 보이는 경우로, 학문성, 보호력, 정체성 등이 중심 주제다. 종격(從格)은 일간이 극도로 약해 전체 흐름에 완전히 순응하는 구조로, 종재, 종관, 종인 등의 유형이 있다.

격국 성립의 조건과 파격(破格)

격국이 성립하기 위해서는 다음과 같은 조건이 충족되어야 한다:

① 월지(月支)가 격용 오행을 포함해야 한다. 월지 지장간의 정기(正氣)가 천간에 투간되어 있으면 그 오행이 격이 된다. ② 사주 전체의 기세가 해당 오행을 중심으로 유기적으로 배치되어야 한다. ③ 상극(相剋) 작용이 격국의 구조를 파괴하지 않아야 한다.

파격이란, 격국의 흐름을 방해하는 요소가 개입되어 격의 기능이 무너지는 상황을 의미한다. 예를 들어 식신격에서 칠살(七殺)이 강하게 작용하면 식신의 순기능이 손상되어 격이 파괴된다. 『적천수해석』에서는 이를 두고 "성격이파, 승어불성격(成格而破, 勝於不成格)"이라고 해, 파격이라도 일정 조건에서는 불성격보다 낫다고 보았다.

현대적 해석과 응용

현대 사회에서는 격국론을 단순 이론에 머물지 않고, 성격 분석, 진로 탐색, 조직 내 역할 분담 등 다양한 분야에 적용한다. 격국별로 선호하는 환경, 대인 관계 성향, 스트레스 대응 방식 등이 상이하므로, 심리학적 도구와 병행해 활용 가능하다. 예컨대, 재성격은 성취 지향형, 관성격은 책임 지향형, 식상격은 창의 지향형 등으로 분석된다.

격국론은 사주명리학의 구조적 해석을 가능하게 하는 핵심 이론이며, 이를 통해 용신과 희기신, 운세의 흐름까지 체계적으로 이해할 수 있다. 고전 문헌에서 제시된 격국의 원리를 현대적 상황에 맞게 재해석함으로써, 격국론은 보다 실용적이고 통합적인 인간 이해 도구로 발전하고 있다. 향후 연구는 격국과 심리 유형 간 상관관계, 빅데이터 기반 격국 분류의 자동화 등으로 확대될 수 있을 것이다.

참고문헌

김미정(2018). 자평진전(子平眞詮)의 격국연구(格局硏究). 대구한의대학교 대학원 박사 논문.

심효첨(2015). 『자평진전(子平眞詮)평주』. 서락오 주, 박영창 옮김. 도가.

『적천수천미(滴天髓闡微)』(2002). 김동규 옮김. 명문당.

정대붕(2013). 명리학에서 월지중심의 간명법과 격국운용에 관한 연구. 공주대학교 대학원 박사 논문.

06
사주와 용신론

사주명리학에서 용신(用神)의 개념은 핵심적인 이론 중 하나로, 개인의 타고난 기운과 운명을 해석하는 데 중요한 역할을 한다. 용신론은 사주의 오행적 균형을 맞추고, 부족한 기운을 보완하거나 강한 기운을 제어하는 요소를 찾는 과정이다.

AI와 야구?

사주명리학에서 용신(用神)은 일간의 강약과 오행의 균형을 조절해 사주의 조화를 이끄는 핵심 개념으로 기능한다. 『자평진전(子平眞詮)』, 『적천수해석(滴天髓解釋)』, 『명리대전(命理大全)』 등 고전 명리서에서 일관되게 강조되어 온 이론으로, 용신은 단순한 길흉의 기준을 넘어 전체 운세의 흐름을 파악하는 좌표 역할을 한다.

용신론의 기원은 고대 중국의 명리학에서 비롯되었으며, 특히 청대 심효첨의 『자평진전(子平眞詮)』에서 체계적으로 정립되었다. 심효첨은 월령(月令)의 중요성을 강조하며, 일간(日干)과 월령의 관계를 통해 격국(格局)과 용신을 판별하는 방법을 제시했다. 이러한 접근법은 이후 명리학의 표준이 되었으며, 현대에도 널리 활용되고 있다.

용신을 찾는 과정에서는 사주의 구조를 면밀히 분석해 신강(身强)한지 신약(身弱)한지를 판단하는 것이 중요하다. 이를 통해 사주에서 어떤 오행이 부족하거나 과도한지를 파악하고, 그에 따라 용신을 선택하게 된다. 예를 들어, 일간이 강하면 이를 누그러뜨릴 수 있는 오행을, 약하면 이를 보강할 수 있는 오행을 용신으로 삼는다.

그러나 용신론에 대한 해석은 학자마다 차이가 있으

며, 일부에서는 용신의 절대적 중요성에 의문을 제기하기도 한다. 일부 명리학자들은 용신이 만병통치약이 아니며, 사주 전체의 흐름과 조화를 고려해야 한다고 주장한다.

또한, 현대에는 용신론을 성명학과 결합해 이름을 지을 때 활용하는 사례도 있다. 사주의 용신을 도출하고, 이를 이름에 반영해 개인의 운세를 보완하려는 시도가 이뤄지고 있다.

용신의 개념과 역사적 기원

용신은 '쓸 용(用)'에 '신령 신(神)' 자를 써서 '사주 내에서 가장 요긴하게 쓰이는 에너지'를 의미한다. 『적천수』에서는 "명유용신, 여초득우, 여주득수(命有用神, 如草得雨, 如舟得水)"라고 해, 용신이 사주에 제대로 작용할 경우 그 사람의 인생도 순조롭게 흘러감을 비유적으로 표현했다. 『연해자평』에서도 용신은 오행의 편중을 조절하고 기세를 이끄는 중심축으로 설정된다. 초기에는 격국 중심의 용신 설정이 주를 이뤘으나, 점차 일간의 강약 판단과 월령(月令)의 계절적 조건, 그리고 전체 구조적 기세를 종합한 방식으로 발전했다.

용신의 판별 원리

일간의 강약 파악: 용신을 찾기 위해서는 먼저 일간의 세력부터 분석해야 한다. 일간이 강할 경우 이를 제어하거나 누그러뜨릴 수 있는 오행이 필요하며, 약할 경우는 보조하거나 보호해 줄 오행이 필요하다.

월령의 영향이 매우 강력하다. 월령은 해당 명조가 태어난 계절을 나타내며, 사주의 기세 형성에 결정적인 영향을 미친다. 예컨대 병화 일간이 겨울에 태어났다면 온기가 부족하므로 화(火) 또는 목(木)이 용신이 될 수 있다.

오행의 분포 및 생극제화 관계에서 보면, 오행의 분포와 각 오행의 역할을 고려해 생극(生剋), 제화(制化) 관계를 따져 적절한 용신을 설정한다.

희신과 기신의 설정은 다음과 같다, 용신은 그 자체로 길흉을 결정하지 않는다. 이를 돕는 희신과 반대되는 기신을 설정함으로써 명조 해석의 방향을 더욱 정밀하게 잡을 수 있다.

용신의 종류와 기능

격국용신법(格局用神法)

격국(格局)이란 사주의 기본적인 틀을 의미하며, 주로

월지(月支)를 중심으로 정해진다. 격국을 분석해 그에 맞는 용신을 선정하는 방식이다.

정격(正格): 일반적인 형태의 사주로, 기본적으로 월령(月令)을 따져서 용신을 정한다.

변격(變格): 특정한 조건이 갖추어졌을 때 특별한 기준으로 용신을 정해야 하는 사주다. 예를 들어, 종격(從格) 사주나 화개격(火蓋格) 등이 이에 해당한다.

격국이 정해지면, 그 격을 안정시키거나 균형을 맞추는 오행을 용신으로 삼는다. 예를 들어, 식상격(食傷格) 사주는 재성을 용신으로 삼고, 관살격(官殺格) 사주는 인성을 용신으로 삼는 경우가 많다.

조후용신법(調候用神法)

조후(調候)란 태어난 계절에 따라 지나치게 덥거나 차가운 기운을 조절하는 방법이다.

봄(목)→화(火) 용신이 필요하며, 여름(화)→수(水) 용신이 필요하며, 가을(금)→화(火) 용신이 필요하며, 겨울(수)→토(土) 용신이 필요하다. 예를 들어, 겨울에 태어난 사람은 사주가 차가운 기운을 많이 가지고 있기 때문에 이를 조절하기 위해 화(火)를 용신으로 삼아 따뜻한 기운을 조후용신은 태어난 달(月)을 중요히 여기는 용신이다. 계절을 비교해 그에 따른 보완의 기운을 용신으로 보는 방법으로서 예를 들면 추운 겨울과 더운 여름의 경우처럼 木일간이 겨울(월지: 子)에 태어나면 따뜻한 기운이 필요하기에 화를 용신으로 삼으며, 木일간이 여름(월지: 午)에 태어나면 시원한 기운이 필요하기에 수(水)를 용신으로 삼는다. 이와 같이 일간과 태어난 계절 (월지)에 따라 한난조습(寒暖燥濕)을 고려해 선택한다.

조후용신은 태어날 때 날씨의 춥고 더움, 건조함과 습함이 인생의 운세에 영향을 주고 사람의 성격을 형성한다고 생각하고 태어날 때의 날씨(출생 월의 월지)에 따라 용신을 잡는다.

억부용신(抑扶用神)

억부용신은 사주의 신강(身强)과 신약(身弱)의 차이가 많이 나는 경우 그 강약에 따라 강한 부분은 억제하고 약한 부분은 보완하는 방법이다. 전체적인 균형을 중시해 용신을 선택하는 방법으로 가장 많이 사용되는 방법 가운데 하나다. 일간을 중심으로 사주의 강약을 판단해 신강사주면 능력을 발휘할 수 있게 하는 오행을 용신으로 삼고, 신약사주면 사주를 강하게 하는 오행을 용신으로 삼는다.

순환용신(順換用神)

사주에서 기운은 木→火→土→金→水→木→火 순으로 계속 상생의 순환을 하고 있다. 이 중에서 일부의 기운이 부족하다면 순환은 어렵게 된다. 이때 보충할 필요가 있는 오행이 순환 용신이 되며 대운 · 세운 · 월 등의 운에서 사주에 필요한 순환 오행을 만나게 될 경우, 더디던 기(氣)의 호통(互通)이 수월해진다. 사주 내의 기운은 상생의 순환을 하므로 사주 중에 일부 오행이 없으면 기의 순환이 정체되기 때문이다.

통관용신(通關用神)

사주 내에서 강한 기운과 약한 기운이 대치하고 있을 때 소통을 위해 필요한 오행을 통관용신이라고 한다. 즉, 기운이 소통하도록 극(剋)하고 제(制)하는 것을 끌어다가 통하게 한다. 필요한 기운을 보완해 강한 기운이 약한 기운으로 통하게 되면 상생의 순환관계로 바뀌게 되는데 이러한 소통을 위한 관문의 역할을 하는 오행을 통관용신이라고 한다.

병약용신(病藥用神)

사주에서 오행이 태과(太過)하면 전체적인 원국의 중화(中和)를 해친다. 이를 병(病)으로 보고 이 병을 제거하는 것을 약이라 하며 이 약을 용신(用神)으로 삼는 방법이다. 여기에서 병(病)이란 일간 기준이 아니다. 원국에서 강한 것을 우선해 병으로 판단한다. 분석 방법에서 여러 차이는 있으나 일간의 중화를 목적으로 하는 오행이 대개 병약용신으로 활용될 뿐이다.

용신 선택 시 주의할 점

용신을 정하는 과정에서 초보자가 가장 많이 범하는 오류는 단순히 부족한 오행을 용신으로 정하는 것이다. 그러나 용신은 단순히 부족한 오행을 보충하는 개념이 아니라, 사주 전체의 기운을 조화롭게 조정하는 역할을 한다. 또한 다음과 같은 점을 반드시 고려해야 한다.

일간(日干)의 강약 판단

일간이 강한 경우: 설기(洩氣)하거나 극하는 오행이 용신이 된다.

일간이 약한 경우: 생조(生助)하는 오행이 용신이 된다.

대운과 세운에 따른 변화

현재는 좋은 용신이라도 대운이나 세운이 바뀌면 용신의 역할이 달라질 수 있다.

예를 들어, 현재는 화(火)가 용신이지만, 대운에서 화가 과다해지면 오히려 금(金)이 용신 역할을 해야 할 수도 있다.

격국과 조후를 종합적으로 판단해야 함

격국에 맞는 용신과 조후에 필요한 용신이 다를 경우 어느 쪽을 우선시할 것인지 신중하게 판단해야 한다.

고전 속 용신 해석 사례는 다음과 같다.

『자평진전』에서는 용신 설정의 대표 사례로 병화 일간이 겨울에 태어난 경우를 들며, 목과 화가 용신임을 밝힌다. 이는 병화가 수(水)의 기운에 눌려 있으므로 이를 생할 수 있는 목(木)과 보조할 수 있는 화(火)의 보충이 필요함을 의미한다.

『적천수해석』에서는 용신을 설정할 때 전체 기세와의 조화를 중요시하며, 단순히 강약으로만 판단할 경우 오해가 발생할 수 있음을 경고한다. 즉, 동일한 일간과 월령이라도 나머지 지지, 천간 구성에 따라 용신이 달라질 수 있다.

현대 명리학에서의 용신론 적용

현대 명리학에서는 용신을 진로 선택, 성격 분석, 조직 내 역량 배치, 심리 상담 등 다양한 분야에 활용하고 있다. 예컨대 식상(食傷)이 용신인 경우 창의성, 표현력, 자유 지향성이 강조되어 예술 · 기획 분야에서 강점을 보이며, 관성(官星)이 용신이면 책임감과 규율 준수 능력이 뛰어나 조직 내 관리자형 인재로 평가된다.

또한, 심리학과 접목한 연구도 활발하게 진행되고 있다. 정현우(2019)는 『사주명리와 심리학의 융합』에서 용신 유형과 MBTI 간의 상관관계를 분석하며, 명리학이 심리학적 성향 분석 도구로 확장될 수 있음을 시사한다.

실생활에서의 응용

용신론은 사주명리학에서 매우 중요한 개념으로, 개인의 성향, 직업, 건강, 대운의 흐름을 분석하는 데 결정적인 역할을 한다. 하지만 용신을 선택할 때 단순한 이론적 접근보다는 사주 전체의 기운을 종합적으로 고려하는 분석력이 필요하다.

실생활에서 용신론을 활용하는 방법은 다음과 같다.

직업 선택에서 용신이 금(金)이라면 금융업, IT 계열이 유리하고, 화(火)라면 예술이나 요식업이 적합하다.

건강관리에는 용신이 수(水)라면 수분 섭취와 신장 건강에 유의해야 하고, 화(火)라면 혈압 관리에 신경 써야 한다. 대인 관계에서 용신이 목(木)인 경우, 성장과 협력을 중요시하는 환경이 적합하며, 토(土)인 경우 안정적이고 신뢰 기반의 관계가 중요하다.

이렇듯 용신론은 단순한 이론이 아니라, 현실적인 삶의 방향을 설정하는 데 중요한 길잡이가 될 수 있다. 올바른 용신 분석을 통해 인생의 흐름을 이해하고, 보다 균형 잡힌 삶을 살아가는 데 활용하기를 바란다.

용신론에 대한 비판과 대안적 접근

일부 학자들은 용신론이 지나치게 이분법적으로 구성되어 있다고 지적한다. 실제 삶은 훨씬 복잡하고, 환경 변화에 따라 사주의 작용도 달라질 수 있다. 이에 따라 십신(十神) 체계를 기반으로 한 세부 분석, 또는 운세 흐름을 종합적으로 고려한 다층적 용신 설정법이 제안되기도 한다.

김세환(2007)은 『정통성명학』에서 용신을 이름 짓기에 활용할 때 지나치게 단일 오행에 집착하지 말고, 전체 사주의 흐름과 음양 조화를 종합적으로 고려해야 한다고 강조한다.

용신론은 사주 해석의 핵심이자 전체 명리 구조의 중심축으로서 기능한다. 고전에서 유래된 이론이지만, 현대적 분석 방법과 접목될수록 그 활용 가능성은 더욱 넓어진다. 특히 심리학, 직업 상담, 인간관계 분석 등 다양한 분야와 연계될 수 있는 만큼, 향후 연구와 실전 적용의 폭을 더욱 확장시켜 나가야 할 것이다.

참고문헌

이강률(2024). 『사주로 MBTI 엿보기』. 지식과감성.

서대승(1634). 『연해자평(淵海子平)』.

심효첨(2015). 『자평진전(子平眞詮)평주』. 서락오 주, 박영창 옮김. 도가.

『적천수천미(滴天髓闡微)』(2002). 김동규 옮김. 명문당.

07
사주 해석의 응용과 통변

사주 해석의 핵심은 단순히 간지의 의미를 기계적으로 해석하는 것이 아니라, 전체적인 흐름 속에서 변수를 종합적으로 고려하는 '통변(通變)'에 있다. 즉, 사주를 구성하는 각 요소의 상호작용을 읽어내고, 이를 현실 속에서 어떻게 활용할 것인가를 분석하는 것이 중요하다.

AI와 윤동주?

사주명리학에서 통변

사주명리학에서 "통변(通變)"은 단순히 네 기둥(四柱)의 간지 배열을 해석하는 것을 넘어서, 사주의 원리와 실천을 연결하는 핵심 개념이다. 통변은 단편적인 정보 해석을 뛰어넘어 전체 사주의 구성과 기운의 흐름을 종합적으로 통찰하는 해석의 기술이자 철학이다. 『적천수』에서는 이를 "통이면 변이 있으며, 변이면 길흉이 정해진다"고 설명하며 통변을 명리학 해석의 핵심 기제 중 하나로 제시했다.

여기서는 통변의 정의, 원리, 기법, 그리고 주요 문헌에서의 이론적 해석을 알아본다. 그리고 현대 사주 해석에 적용되는 통변의 실질적 가치와 응용 방향을 주요 참고문헌인 『적천수(滴天髓)』, 『자평진전(子平眞詮)』, 『명리정종(命理正宗)』 등의 고전 문헌과 현대의 김동완 『사주명리학 강의』, 남창환 『명리학 개론』 등을 중심으로 살펴보고자 한다.

통변의 정의와 개념

사주에서 "통(通)"은 흐름이다. 오행이 사주 내에서 자연스럽게 순환하고, 일간이 필요한 기운과 조화를 이루는 상태를 가리킨다. 『명리정종』에서는 "사주가 통하면 화목하고, 기운이 막히면 재난이 따른다"고 설명한다. 이는 곧 사주 내 오행의 순행과 사주의 전체적인 맥락이 조화를 이룰 때 그 인생 또한 조화롭다는 원리다.

예컨대, 겨울에 태어난 사람이 화(火)를 통해 온기를 얻고, 다시 토(土)를 통해 중화를 이룬다면 이는 '기운이 통한다'는 예다. 이는 단지 월령의 계절적 조건에 그치지 않고, 지장간의 작용, 육친 간의 균형, 대운과 세운의 조화까지 포함한 개념이다.

"변(變)"은 환경과 조건의 변화에 따른 대처 방식이다. 사주 구조가 기본적으로 불리하더라도 운의 흐름이나 선택, 상황에 따라 변화 가능성이 있다는 의미다. 『자평진전』에서는 "변을 모르면 사주는 죽은 글귀에 불과하다"고 말하며, 통변 없는 사주는 예측력이 없다고 보았다.

변은 곧 고정된 기운 속에서도 새로운 길을 찾는 해석력이며, 이는 사주명리학을 정적 예측 체계에서 동적 삶의 지침으로 발전시키는 중요한 개념이다.

통변의 핵심 요소, 월령 통기(通氣)

사주의 중심축은 월지(月支), 즉 태어난 달의 계절적 기운이다. 월령을 통해 사주의 기후를 파악하고, 일간이 어떤 기운 속에서 자라고 있는지를 판단한다. 『적천수』는 "지월정기(支月正氣)는 일간의 근본이다"라고 하며, 월령과 일간의 관계를 핵심으로 본다.

예를 들어, 음력 11월(子월)에 태어난 갑목(甲木)은 한겨울의 추위 속에서 성장하기 때문에 반드시 병화(丙火) 같은 난기(暖氣)가 필요하다. 만약 화기가 부족하거나 물(水)이 과다하면 이 갑목은 얼어붙고, 따라서 생명력을 잃는다. 이를 통하게 만드는 것이 곧 통기다.

통변의 해석에서 용신과 희신에 대해 살펴보면, 용신(用神)은 중심축이며, 희신(喜神)은 그 용신을 돕는 보조축이다. 『자평진전』은 "용신을 잡아야 사주의 중심을 안다"고 했으며, 통변이란 곧 용신의 흐름이 원활한지를 판단하는 작업이다.

예컨대, 신약한 일간이 재성이나 관성으로 인해 기운을 잃고 있다면 인성(印星)이 용신이 되고, 이를 뒷받침하는 수(水)의 흐름이 희신이 된다. 이처럼 용신과 희신을 통해 사주의 조화 여부를 판단하는 것은 통변의 기본 구조에 해당한다.

지장간과 육친 관계의 입체적 해석

통변은 단순한 간지 배열을 넘어, 지장간의 상호작용과

육친(六親)의 관계까지 분석하는 깊이 있는 해석이다. 지장간은 뿌리의 기운이기 때문에 본질적인 성향과 내면의 작용을 반영하며, 이를 통해 외면적 기운과의 충돌이나 화합 여부를 판단할 수 있다.

예를 들어, 간지상으로는 재성이 잘 배치된 듯 보이나, 실제로는 지장간 내에 상관이 강해 재성을 극하고 있다면 실질적 재물 운은 약화된다. 이런 입체적 통찰이 바로 통변의 핵심이다.

대운과 세운의 흐름을 통한 변곡점 예측

대운(大運)은 사주 원국에 변화를 주는 핵심 요소로, 통변에서 가장 중시되는 외부 변수다. 『명리학 개론』에서는 "대운은 인생의 기후, 세운은 날씨"라고 표현하며, 원국의 기운이 아무리 좋아도 대운이 억하면 불운이 오고, 원국이 부족해도 대운이 조화되면 기회를 얻는다고 했다.

이를테면, 신강사주가 대운에서 재성 · 관성 운을 만나면 비로소 외부 활동과 성취가 이뤄지고, 반대로 신약사주가 같은 운을 만나면 오히려 건강이나 관계에 문제가 생길 수 있다. 이처럼 대운을 통변의 렌즈로 삼아 변화 가능성을 읽어내는 것이 전문가의 역할이다.

사주에는 정해진 '좋고 나쁨'이 없고, 통변을 통해 그것이 어떻게 발현되는지가 중요하다. 『사주명리학 강의』에서는 "흉운이라 해도 그 속에 기회가 있으며, 길운이라 해도 준비 없이는 흉으로 변할 수 있다"고 강조한다.

예컨대, 파격적 상관격 사주가 대운에서 관성 운을 만나면 갈등과 규제가 생기지만, 이를 직업적 독립이나 창조적 활동으로 승화시키면 성공으로 이어질 수 있다. 이런 해석은 고정된 이론이 아닌 상황 맥락과 삶의 변수를 함께 보는 통변의 능력에서 비롯된다.

통변의 오해와 한계

통변은 '무엇이 좋다' 혹은 '무엇이 나쁘다'는 단순 공식으로 환원될 수 없다. 사주 전체의 흐름, 인생의 시기, 개인의 성향을 종합적으로 보지 않으면 통변은 오히려 왜곡될 수 있다. 『명리정종』에서도 "지나친 파격을 통으로 해석하려 들면, 가짜 통변이 된다"고 경고했다.

또한, 현대에 들어와 사주를 기계적으로 해석하는 경향이 강해지면서 통변의 본질적 사고력이 약화되고 있다. 사주는 고정된 숫자 조합이 아닌, 살아 있는 기운의 해석이며, 통변은 그 기운을 읽고 유기적으로 적용하는 능력이다.

통변은 사주명리학 해석의 핵심이며, 인간의 삶을 이해하는 도구로서의 사주를 가능하게 만드는 기술이다. 단순한 간지 배열의 이해를 넘어, 월령의 기운, 용신의 조화, 대운의 흐름, 지장간의 작용 등 복합적 요소를 통합적으로 파악하는 것이 진정한 통변이다.

사주는 단순한 예측 도구가 아니라, 인생을 통찰하고 조율하는 도구다. 그 중심에는 통변이라는 해석의 안목이 있으며, 이는 오랜 공부와 임상 경험을 통해 축적되는 고도의 직관과 이성의 결합이다.

참고문헌

김재덕(2018). 사주명리학의 형충회합(刑沖會合)이론 성립과 적용에 관한 연구. 국제뇌교육종합대학원대학교 석사 논문.

심효첨(2015). 『자평진전(子平眞詮)평주』. 서락오 주, 박영창 옮김. 도가.

장남(1981). 『명리정종(命理正宗)』. 상하이인수관(上海印書館).

『적천수천미(滴天髓闡微)』(2002). 김동규 옮김. 명문당.

08
사주와 직업

사주명리학에서 직업은 단순한 생계 수단을 넘어, 개인의 기질 · 능력 · 가치관이 운세와 만나는 삶의 구체적 무대로 간주된다. 고전 명리서는 재성, 식상, 관성, 인성 등 오행과 십신 체계를 통해 직업 성향을 분석해 왔으며, 특히 용신의 역할과 힘의 균형이 직업 운의 핵심 변수로 작용한다고 보았다. 용신이 화(火)면 교육 · 연예, 수(水)면 상담 · 무역 등 업종 적합성도 해석 가능하다.

AI와 한의학?

사주와 직업

직업은 단지 생계 수단에 그치지 않으며, 그것은 인간의 기질, 능력, 가치관, 환경과 운세의 교차점에서 드러나는 가장 구체적인 '삶의 무대'다. 따라서 사주명리학에서 직업에 대한 분석은 곧 인간 이해의 실천적 확장이라 할 수 있다.

고전 명리학의 주석서인 『적천수해석(滴天髓解釋)』, 『명리정종(命理正宗)』, 『삼명통회(三命通會)』 등에서는 재성(財星), 식상(食傷), 관성(官星), 인성(印星) 등의 오행적 요소를 통해 인간의 직업적 성향과 사회적 역할을 분류해 왔다. 특히 십신(十神) 체계를 중심으로 인간의 생득적 기질이 어떤 외적 표현을 가지는지, 그리고 그것이 어떤 형태의 업(業)으로 귀결되는지를 정교하게 해석해 왔다.

사주에서 직업 운을 판단하는 기본적인 틀은 일간(日干)을 중심으로 정관(正官), 편관(偏官), 정재(正財), 편재(偏財), 식신(食神), 상관(傷官)의 육신이 어떤 위치에 있고, 그 힘의 균형이 어떻게 작용하는지를 보는 것이다. 『적천수』에서는 "용신득력, 즉백사순; 용신실세, 즉백사역(用神得力, 則百事順; 用神失勢, 則百事逆)"이라고 해, 용신이 제 역할을 할 때 모든 일이 순조롭다고 강조한다.

이 말은 직업적인 성공 역시 용신의 위치와 기운에 달려 있다는 의미다.

예컨대, 일간이 강할 경우 재관이 발달해야 외부 사회와의 교류, 즉 직업적 성취가 따른다. 반대로 일간이 약하면 인성(印星)을 통해 기초를 다지고, 이후 재성이나 관성이 뒷받침되어야 한다. 『명리정종』에서는 "관성은 명예와 권위를 주관하므로 직장, 직위, 사회적 지위를 나타내며, 재성은 경제 활동과 재물을 나타낸다"고 서술했다.

직업 선택과 사주의 연관성

직업은 단지 소득의 수단이 아닌, 개인의 자아실현 수단이기도 하다. 사주에서는 오행의 분포, 강약, 희용신 설정을 통해 적합한 직업군을 분류할 수 있다. 예를 들어, 화(火)가 용신이며 강한 경우 교육, 연예, 음식 관련 업종이 적합하고, 수(水)가 용신인 경우 상담, 연구, 무역, 운송업 등이 어울린다.

『사주명리학 강의』에서 김동완은 실제 예제를 들어, 관성이 지나치게 강해 억압받는 사주에서는 독립적인 직업이나 프리랜서가 적합하며, 반대로 관성과 인성이 조화롭게 작용하는 경우는 공무원이나 대기업 등 조직

생활에 유리하다고 설명한다. 이는 곧 사주를 통해 개인의 성향과 환경 적합도를 종합적으로 파악할 수 있음을 시사한다.

대운과 직업 변화

직업 운은 대운(大運) 변화에 따라 달라지기도 한다. 『자평진전』에서는 대운의 흐름이 재성·관성으로 흐를 경우 외부로의 활동이 왕성해지며, 직업적 전환이 일어날 가능성이 크다고 본다. 특히 대운에서 기신이 들어오는 경우는 경거망동을 삼가야 하며, 신강사주는 재성, 신약사주는 인성과의 균형 여부를 반드시 살펴야 한다고 강조한다.

그러나 현대 사회는 고전적 분류로는 포착하기 어려운 새로운 직업군들이 등장하고 있다. 예술가, 디지털 콘텐츠 제작자, 헬스케어 상담사, 스타트업 창업가, ESG 경영 기획자 등은 전통적인 '관직-상업-학문-기예' 구분을 넘어서며, 사람들의 직업 선택 기준도 물질보다 '의미', 안정보다 '자율', 조직보다 '개인'을 향하고 있다. 이처럼 직업관의 패러다임이 전환되는 시대에 사주명리학이 유효하려면, 단순한 직업 추정이 아니라 사주 구조를 기반으로 한 직업 에너지의 흐름과 조화 분석, 그리고 시대적 조건과의 접목이 병행되어야 한다.

사주는 인간의 기질적 특성과 에너지 구조를 시공간적 코드로 분석할 수 있는 체계다. 사주 속 오행의 조화, 십신의 균형, 강약의 배분, 대운과 세운의 전개는 개인이 어느 분야에서 성취를 이룰 수 있는지를 추정할 수 있는 유력한 근거를 제공한다. 물론 이것이 정답을 말해 주는 결정론은 아니다. 그러나 구조적으로 분석된 기운은 개인이 자신의 방향성을 스스로 탐색하고 선택하는 데 기능적 안내자 역할을 할 수 있다.

직업 판단의 명리학적 전제

사주명리학에서 직업은 단지 생업의 수단이 아니라, 개인의 기질, 능력, 운세 흐름이 사회적 기능으로 외화(外化)된 결과물로 본다. 다시 말해, 직업은 명리학적으로 '에너지의 쓰임'이다. 이때 '어떻게 쓰이는가'는 오행(五行)의 흐름과 십신(十神)의 작용, 그리고 대운(大運)·세운(歲運)이라는 시간적 맥락 속에서 해석된다.

고전 명리에서는 직업 판단을 위해 다음과 같은 기준 요소를 설정해 왔다

용신(用神)은 사주 전체의 균형을 맞추기 위한 조절 에너지로, 용신이 쓰이는 방향과 강도에 따라 적성 분야

가 추정된다. 십신(十神)은 일간(日干)을 기준으로 한 상대적 관계로, 식신(食神), 상관(傷官), 편재(偏財), 정관(正官), 정인(正印) 등의 성향이 직업적 성향과 밀접히 연결된다. 격국(格局)은 사주의 중심이 되는 에너지 구조로, 재격, 관격, 인격, 식상격 등의 유형에 따라 진로 방향성이 정해진다. 이어서 희신(喜神)/기신(忌神)은 에너지의 도움을 주거나 해치는 요소로, 직업과의 조화 여부를 판별하는 중요한 기준이다. 이러한 판단 구조는 사주를 단지 '적성의 수단'으로 보는 것이 아니라, 인간의 삶 전반에 흐르는 에너지 구조의 사회적 발현 방식으로서 직업을 이해하고자 한 것이다.

고전 명리학에서 직업 해석의 구조

고전 문헌들에서 직업과 관련된 언급은 비교적 분산되어 있으나, 다음과 같은 원칙이 반복적으로 제시되고 있는데 살펴보면 다음과 같다.

『적천수해석(滴天髓解釋)』: "재관(財官)이 정재정관(正財正官)으로 순행하며 용신이 길하면, 문무겸전의 길한 직업을 얻는다."

『명리정종(命理正宗)』: "식신이 용이 되어 발복하면 상업이나 창작, 교육으로 명을 얻는다. 인성이 극하면 학문을 업으로 삼는다."

『삼명통회(三命通會)』: "격국이 관인상생이면 학문·관직·법률계에 좋고, 재관이 강하면 경영·무역·기획·행정 분야에 능하다."

이러한 구절들은 사주의 에너지 구조를 사회적 역할로 번역하는 고전 명리학의 원리를 보여 준다. 단순히 '이 사주는 의사다', '저 사주는 변호사다' 같은 고정된 직업 명칭이 아니라, 기질적 성향, 운세 흐름, 사회적 맥락이라는 삼중 구조 속에서 직업을 해석하고 있다는 점이 중요하다.

사주 구조와 사회적 역할의 연결 논리

사주에서 직업은 다음 세 가지 핵심 질문에 대한 해석으로 접근할 수 있다. 첫째, 나는 무엇을 하고 싶어 하는가?(기질은 오행 중심). 둘째, 나는 무엇을 잘할 수 있는가?(능력은 십신 중심). 셋째, 어떤 환경이 나에게 기회를 주는가?(운세는 대운/세운 중심).

예를 들어, 목(木)이 강한 사람은 생명, 성장, 교류, 창의성을 중시하며, 교육, 식품, 디자인, 문화 분야에 친화적일 수 있다. 반면 금(金)이 강하면, 분석, 규칙, 판단력, 구조화에 강하므로, 기획, 경영, 법률, 금융 등에 적합할 가능성이 높다.

십신으로 보면 식신과 상관은 생산과 표현, 확산의 에너지로 창작자, 기획자, 마케터, 예술가 등의 기질을 나타내며, 관성과 인성은 규범, 법칙, 보살핌, 심리적 안정을 중시하는 교사, 공무원, 의료, 상담직에 가깝다.

현대 해석의 필요성

고전 명리학의 체계는 뛰어난 구조성을 지니고 있지만, 오늘날의 직업군 분류에는 한계가 있다. 예컨대, 유튜버, 인플루언서, 프로그래머, UX 디자이너, ESG 경영전략가 등은 고전에서 직접 해석된 바 없다.

이럴 때 해석자는 '직업의 이름'이 아니라, 그 직무가 어떤 에너지 구조로 구성되어 있는가를 중심으로 접근해야 한다. 예를 들어 유튜버는 순서상으로 '기획, 표현, 대중과의 상호작용, 수익화' 구조를 가지므로, 식신과 상관에 더해 재성(편재)의 구조가 작동할 가능성이 높다. 프로그램 개발자는 식신과 편인, 상관과 비견의 구조가 강조된다. 즉, 직업 그 자체를 분석하지 말고, 직업이 요구하는 에너지 구조를 분석하라는 것이 현대 명리 해석자의 새로운 접근법이다.

사주명리학에서 직업은 개인의 기질, 능력, 운의 흐름

이 사회적으로 구체화된 양식이다. 고전 이론은 직업을 구조적으로 해석할 수 있는 원리를 제공하며, 현대 해석자는 이 원리를 바탕으로 직무의 에너지 구조를 읽어 낼 수 있어야 한다.

직업은 사주 속에서 정해지는 것이 아니라, 사주가 가진 잠재적 에너지의 쓰임으로 이해되어야 한다. 해석자는 사주를 통해 "이 사람은 어떤 일을 할 수 있는가?"가 아니라, "이 사람이 가진 기운은 어떤 방식으로 세상과 연결되기를 원하는가?"를 물어야 한다.

참고문헌

송미규(2023). 사주명리학(四柱命理學)의 직업속성에 대한 명리고전과 현대연구간의 비교분석. 동방문화대학원대학교 박사 논문.

심효첨(2015). 『자평진전(子平眞詮)평주』. 서락오 주, 박영창 옮김. 도가.

장남(1981). 『명리정종(命理正宗)』. 상하이인수관(上海印書館).

『적천수천미(滴天髓闡微)』(2002). 김동규 옮김. 명문당.

09
사주와 연애 결혼 운

결혼과 연애는 사주명리학 중에서도 실질적이면서도 민감한 주제로 다뤄져 왔다. 고전 명리서는 배우자궁, 재성, 관성 등을 중심으로 궁합과 배우자 운을 해석하며, 남성은 재성으로, 여성은 관성으로 상대를 본다는 이분법적 기준을 제시했다. 그러나 현대의 연애와 결혼은 비혼, 동거, 동성 관계 등 다양성과 감정적 조화를 중시하는 방향으로 확장되고 있다. 이에 따라 사주 해석도 단순한 궁합 판별을 넘어, 개인의 감정 에너지 흐름과 관계 관리 능력을 이해하는 도구로 재정립될 필요가 있다.

AI와 화장품?

사주명리학은 인간의 일생을 음양오행이라는 자연 질서 위에서 해석하는 동양 전통 지혜의 집약체다. 이 학문은 인간의 타고난 기질, 운명의 흐름, 사회적 관계, 질병, 직업, 수명에 이르기까지 폭넓은 영역을 다루지만, 그중에서도 결혼과 연애는 가장 실질적이며 동시에 민감한 주제로 자리해 왔다. 인간의 삶이 사회적 관계 속에서 구성된다는 점에서, 배우자 선택과 관계 유지의 문제는 단지 개인의 선택이나 우연의 결과가 아닌, 생년월일시라는 구조 속에 일정한 경향성과 조화를 품고 있다는 것이 명리학의 핵심 전제다.

고전 명리서들은 결혼과 부부 관계를 '궁합'이나 '배우자 운'이라는 용어로 설명하며, 배우자궁(配偶宮), 재성(財星), 관성(官星), 정인(正印) 등의 오행적 요소를 바탕으로 인간관계의 성격과 흐름을 해석해 왔다. 『적천수해석(滴天髓解釋)』, 『명리정종(命理正宗)』, 『삼명통회(三命通會)』 같은 고전 문헌은 성별에 따라 관성·재성을 기준으로 상대를 바라보는 시각을 강조했으며, '남자는 재성으로 여자를 보고, 여자는 관성으로 남자를 본다'는 식의 이분법적 해석이 주류를 이뤘다.

그러나 이러한 고전적 해석은 일정 부분 이론적 일관성과 예측력을 제공하면서도, 성 역할 고정, 사회문화적

편향, 현대적 가치관과의 불일치 등의 한계를 안고 있다. 오늘날의 연애·결혼은 단순히 이성 간의 결합을 넘어 다양한 관계 형태(비혼, 만혼, 동거, 이혼 후 재결합, 동성 관계 등)를 포함하고 있으며, 개인의 자율성과 감정적 호혜, 심리적 조화가 무엇보다 중시된다. 이러한 흐름 속에서 명리학 역시 시대적 가치관을 반영하며 전통 해석을 재구조화하는 시도가 필요하다.

특히 결혼 적령기의 늦어짐, 독립적 자아의 확장, 연애 관계의 다변화는 사주 해석에서도 '운의 흐름'이나 '궁합의 일치 여부'를 넘어서 자기 이해와 관계 관리의 도구로서 명리학을 재정립할 것을 요구한다. 즉, 현대적 사주 해석은 더 이상 "이 사람과 결혼해도 되는가?"라는 결정론적 물음에 답하는 것이 아니라, "이 관계에서 나는 어떤 방식으로 감정과 에너지를 주고받고 있는가?"라는 관계 중심적 인식 전환을 요청받고 있는 것이다.

사주에서 연애 운을 보는 기준

연애 운은 일반적으로 일간과 이성 관계를 나타내는 정재(남성에게 여성), 정관(여성에게 남성)으로 판단한다. 또한 궁합에서는 일지(配偶宮)의 충극, 합화 여부, 음양의 조화 등을 중요하게 본다. 『적천수』는 "남명은 재를 바라보고, 여명은 관을 좇는다"고 해서 남녀 간의 연애 구조를 설명했다.

예컨대, 여성 사주에서 관성이 많고 강하면 배우자 복이 있으나, 관성이 과다하거나 충극되면 연애 운이 불안정해질 수 있다. 남성 사주에서 재성이 고르게 배치되면 정서적 안정과 동시에 이성 운이 원활하다.

궁합과 연애 지속성

『명리정종』에서는 궁합을 논할 때 "생년, 생월의 간지가 충돌하면 근본 기질이 다르고, 일지와 시지의 조화가 이뤄져야 결혼 생활이 안정된다"고 설명한다. 실제 임상에서도 일지 충, 월지 형살 등이 강한 커플의 경우 연애 초반에는 뜨겁지만 장기적으로 불화가 많다.

연애 지속성은 정관·재성의 위치뿐 아니라 시지(子女宮)의 흐름도 고려해야 한다. 시지에 편관이 강하게 위치하면 연애 관계가 급속히 발전하지만, 동시에 단절 가능성도 높다.

연애가 잘 되는 시기 역시 대운, 세운의 흐름과 밀접하다. 『사주명리학 강의』에 따르면, 재성·관성이 대운과 세운에서 강하게 작용할 때 연애 운이 상승하며 실제 교제나 결혼으로 이어지는 경우가 많다. 반대로 기신이 들어오거나 충극이 심한 해에는 연애가 힘들거나 이별 가능성이 높아진다.

사주명리에서의 결혼 구조

사주명리학에서 '결혼'이란 단순한 사회적 제도가 아니라, 인간 내면의 음양적 불균형을 타인과의 관계를 통해 보완해 나가는 구조적 행위로 본다. 이론적으로는 팔자(八字) 내에서의 음양오행의 조화와 상생·상극 관계를 통해 결혼 적합 여부, 배우자의 기질, 관계의 지속 가능성, 갈등 발생 요인을 분석한다.

사주 구성 요소 중 결혼과 관련된 핵심 축은 다음과 같다.

배우자궁(配偶宮)은 일지(日支)로, 실제 생활에서 배우자와의 관계를 반영한다. 재성(財星)은 남성에게는 아내, 여성을 위한 생활 기반과 감정의 표현 방식이다. 관성(官星)은 여성에게는 남편을 의미하며, 외부로부터의 영향력 또는 규범을 의미한다. 합(合)과 충(沖)은 배우자궁과의 관계에서 합은 연합 또는 의존, 충은 갈등 또는 거리감으로 해석된다.

신강·신약(身强/身弱)은 자신의 기운이 강한가 약한가에 따라, 결혼에서 주도권 여부와 상대 의존도가 결정된다. 즉, 결혼은 단지 타인과의 인연이 아니라, 자신의 기운과 구조에 맞는 에너지의 균형 회복 과정으로 이해되어야 한다.

남명(男命)과 여명(女命)의 해석 차이

고전 명리학에서는 전통적 성 역할 구도에 따라 남명과 여명을 구분해 해석해 왔다. 남명은 재성(財)을 중심으로 아내를 판단하고, 여명은 관성(官)을 중심으로 남편을 판단한다.

남성 사주에서 재성에 대한 설명은 다음과 같다. 아내뿐 아니라 여성 전반, 감정 표현력, 돈에 대한 태도와도 연결된다. 재성의 성격이 정재(정해진 재물)인지 편재(우연한 재물)인지에 따라 결혼에 대한 태도와 성실성의 차이를 분석한다. 정재가 강한 남성은 전통적이고 안정된 결혼 생활을 추구하며, 편재가 강한 남성은 다양한 인연, 자유로운 관계를 지향한다.

여성 사주에서 관성은 남편이자, 사회적 보호자 또는 권위를 상징한다. 관성이 강하면 전통적 결혼 관계를 안정적으로 유지할 가능성이 높고, 약하거나 충 · 파된 경우 결혼 자체를 부담스러워하거나 결혼 후 외부적 문제(시댁, 남편 직장 등)로 인한 심리적 불안정이 발생하기

쉽다.

현대에는 이러한 남녀 역할 중심의 해석에 대한 비판이 늘고 있으나, 명리학 내부 논리에서는 여전히 이 구조가 사주적 해석의 중요한 틀로 기능하고 있다. 다만 해석자는 그 의미를 고정적 역할 구분이 아닌 심리적 경향성과 내적 욕구 구조로 읽어 내는 해석 감각이 필요하다.

배우자궁(配偶宮)의 구조와 의미

배우자궁, 즉 일지(日支)는 사주 전체에서 개인이 타인과 맺는 가장 근원적인 관계의 질을 보여 준다. 일지에 위치한 지장간, 오행, 십신의 구성은 다음과 같은 요소를 포함한다.

일지의 오행은 배우자의 기본 기질, 결혼관, 충돌 가능성 등을 나타내며, 지장간의 십신은 배우자의 행동 양상, 감정 표현, 갈등 해소 방식이며, 일지와 시간 · 월지 · 년지의 관계는 가족 간섭, 자녀 문제, 사회적 간섭 요인 등을 말한다.

예를 들어, 일지가 '자수(子水)'이고, 여명에서 관성이 신금(辛金)이라면, 물이 금을 생(生)하는 구조가 되어 결혼 생활에서 남편을 수용하고 조화하는 기운이 강함을 시사한다. 반대로 일지가 배우자 성분과 충(沖)하는 경우(예: 자-오 충), 결혼 관계에 끊임없는 불협화음이나 갈등 요인이 내재되어 있을 수 있다.

혼인 시기와 대운의 연동

결혼은 개인적 선택이지만, 명리학적으로는 대운(大運)과 세운(歲運)의 흐름에 따라 타이밍이 정해지는 경향이 있다. 특히 배우자와 관련된 십신이 대운에서 강하게 작용할 경우, 현실적으로 인연이 나타날 가능성이 높아진다.

예를 들어 남명에서 정재(正財)가 대운으로 들어올 경우, 결혼 또는 장기 연애의 기회가 현실화되며, 여명에서 관성이 대운에 출현하거나 합을 이루면 '결혼운이 온다'고 판단한다. 그러나 운이 왔다고 해서 모두가 결혼으로 이어지는 것은 아니며, 개인의 명조 전체 흐름, 신강·신약 여부, 사회적 조건 등이 종합적으로 작용한다.

고전 문헌 속 결혼 관련 주요 원리

다음은 고전 명리학 문헌에서 결혼과 관련해 반복적으로 언급되는 구절들인데 살펴보면 다음과 같다.

『적천수해석』: "재관 득지(財官 得地), 가정이 안정하나, 재관 격파(格破), 정인 불화(正印 不和)는 가정에 화근이 있다."

『명리정종』: "일지 상처(傷官), 부부화합 난이요. 지장간에 관성 숨어도, 충나면 이혼 수 있다."

『삼명통회』: "관성 다자(多者), 과도한 기대와 억압을 낳고, 무관 무재는 결혼을 거부하는 성향도 된다."

이러한 고전 해석은 단순히 운명론적으로 결혼 여부를 단정 짓기보다는, 기질적 성향과 외적 흐름의 교차점에서 나타나는 결혼 가능성과 경향성을 진단하는 것으로 이해해야 한다.

결혼은 운의 문제이자 기질적 구조의 상호작용 결과다. 사주명리학은 이 과정을 일관된 원리와 사례 누적을 통해 분석해 왔으며, 배우자궁, 재·관성, 대운 흐름 등을 통해 개인의 관계 경향성과 결혼의 질적 구조를 파악하는 데 유용한 도구가 된다. 다만 현대 해석에서는 이러한 구조를 성 역할 중심 해석에만 가두지 않고, 심리적 상호작용과 자아 성장의 프레임으로 재해석할 필요가 있다.

참고문헌

김주현(2015). 『자평명리학의 혼인시기에 대한 연구』. 대구한의대학교 대학원 석사 논문.

만민영(1975). 『삼명통회(三命通會)』. 박일우 옮김. 명문당.
장남(1981). 『명리정종(命理正宗)』. 상하이인수관(上海印書館).
주미강(2013). 자평사주 궁합론 연구. 동방문화대학원대학교 석사 논문.
『적천수천미(滴天髓闡微)』(2002). 김동규 옮김. 명문당.

10
사주 해석의 윤리와 한계

사주명리학은 운명을 해석하는 철학적 체계로 발전했지만, 해석에는 윤리적 태도와 명확한 한계 인식이 필수적이다. 고전 문헌은 해석자의 인격과 도덕성을 강조하며, 사주 해석은 예언이 아닌 조언이어야 함을 설파한다. 사주는 인간 기질과 가능성을 보여 주는 유용한 도구지만, 삶 전체를 결정짓는 절대적 기준은 아니며, 환경 · 의지 · 교육 등의 변수를 반영하지 못한다. 따라서 해석자는 조언의 유효성과 함께 그 한계도 분명히 인식하고 전달할 책임이 있다.

종교와 AI?

사주명리학은 인간의 타고난 운명과 환경적 흐름을 분석하는 동양 전통의 운명학이다. 단순한 점술이나 예언이 아닌, 시간의 구조와 인생의 흐름을 통찰하는 철학적 체계로 발전해 왔다. 그러나 이러한 명리학의 해석은 단지 지식이나 기법만으로 성립되는 것이 아니라, 반드시 윤리적 태도와 한계 인식이 전제되어야 한다. 『적천수(滴天髓)』에서는 "기술은 심법에 따르고, 심법은 도덕에 근본한다(술수심법, 심법본어도덕: 術隨心法, 心法本於道德)"라고 하며 사주해석의 도덕적 책임을 분명히 했다.

사주 해석에서 요구되는 윤리적 기준과 해석의 한계에 대해 살펴보면 다음과 같다.

사주 해석의 윤리적 태도

고전 명리학 문헌에서는 일관되게 "덕이 없는 자는 사주를 보지 말라"고 경고한다. 『명리정종(命理正宗)』은 "술은 기법이나, 기법은 인심의 작용이라. 선한 마음 없이는 기법이 재앙이 된다"라며 해석자의 인격과 도덕성을 강조했다. 이는 해석 기술 자체가 문제가 아니라, 그것을 운용하는 해석자의 마음가짐과 자세가 핵심이라는 전통적 입장을 보여 준다.

명리학은 곧 인간의 인생을 통찰하는 도구이며, 해석자는 일종의 조언자 또는 길잡이의 역할을 수행한다. 이러한 역할은 전문성 못지않게, 해석을 받는 사람인 의뢰자의 상황을 존중하고, 예측이 인간의 자유 의지와 선택을 억압하지 않도록 하는 윤리적 책임이 따른다.

희망과 조언 중심의 해석

해석은 예언이 아니라 조언이어야 한다. 현대 역학자 김동완은 『사주명리학 강의』에서 "사주는 가능성을 말하는 것이지, 단정을 말하는 것이 아니다"라고 강조한다. 실제 사주상에서 재물 운이 약하거나 부부 운이 불리한 경우에도, 단정적인 부정 표현은 해석을 받는 사람에게 심리적 상처와 방향 상실을 초래할 수 있다.

따라서 사주 해석자는 정보를 해석하되, 그것이 현재 삶에 어떻게 적용될 수 있는지를 조언 중심으로 전달해야 한다. 이는 해석 대상자의 삶에 실질적 도움을 줄 수 있는 방법이며, 윤리적 책임을 다하는 방식이다.

또한 사주명리학은 매우 개인적인 정보를 다루는 분야이기 때문에, 비밀 유지의 윤리는 필수적이다. 특히 생년월일시와 이름, 가족 관계 등은 사생활의 핵심 정보이며, 이를 통해 개인의 내면과 과거, 관계까지 추론할 수 있다.

현대 사회에서는 「개인정보보호법」 등 법률적 기준도 존재하지만, 사주 해석자 스스로가 비밀을 존중하고 제3자에게 정보를 유출하지 않는 것을 윤리의 근본으로 삼아야 한다. 이는 『사주명리 실전 연구집』(한국역학회, 2012)에서도 강조되었으며, 신뢰 없는 해석은 해석의 질도 떨어진다는 것이 공통된 결론이다.

사주 해석의 한계

사주는 태어난 연월일시(年月日時)를 중심으로 팔자(八字)를 구성한다. 그러나 이는 인간의 삶 전체를 포괄하기에는 매우 제한된 정보다. 김후영의 『사주명리학 탐구』에서는 "팔자는 인간 존재의 출발점일 뿐, 그 이후의 선택과 환경은 무한하다"고 언급하며, 사주 자체가 삶의 모든 것을 결정짓는 결정론적 체계가 아님을 강조한다.

이러한 구조적 한계는 특히 쌍둥이의 사주가 거의 동일함에도 삶이 다른 예, 같은 사주라도 문화 · 국가 · 계층에 따라 삶이 달라지는 예 등에서 분명하게 나타난다.

그리고 사주는 기질을 나타낼 수는 있으나, 환경과 의지, 교육, 사회적 조건 등은 전혀 반영하지 못한다. 『자평진전(子平眞詮)』에서도 "명은 정해지되, 운은 바뀔 수 있고, 기는 닦을 수 있다(命定而運可變, 氣可修也)"고 해, 인간의 노력과 환경 변화에 따른 유동성을 인정했다.

따라서 사주는 방향성 제시에는 유효하지만, 인간의 삶을 확정적으로 판단하거나 결론 내리는 도구는 아니다. 해석자는 이 점을 명확히 인식하고, 조언의 한계를 분명히 밝혀야 한다.

해석자의 주관성과 오류 가능성

사주명리학은 수천 년의 체계와 통계적 기반을 갖추고 있지만, 실제 해석은 해석자의 해석력, 경험, 판단력에 좌우되는 경우가 많다. 같은 사주라도 해석자에 따라 전혀 다른 결론이 나올 수 있으며, 이는 사주해석의 불확실성을 의미한다.

이 점은 박재완의 "현대 명리학에서 해석의 일관성 문제"(2011)에서도 지적되었으며, 해석의 편차는 사주의 문제라기보다 해석자 개인의 숙련도와 철학의 문제임을 분명히 한다. 따라서 해석자는 자신의 해석이 하나의 가능성임을 자각하고, 단정적 언어나 예언적 표현을 삼가야 한다.

현대 사회에서의 사주 해석 방향

현대의 사주 해석은 점술적 기능에서 벗어나, 심리 상담과 인생 코칭의 기능으로 전환되어야 한다. 사주는 내면의 기질과 가능성을 진단하는 도구로 활용될 수 있으며, 이는 정신분석이나 성격 검사와도 유사한 기능을 한다.

최병철의 『명리심리학의 이론과 실제』(2016)에서는 사주를 통해 개인의 불안 요소, 반복되는 관계 패턴, 자기실현의 장애 요인 등을 분석하고 상담에 접목하는 기법이 제시되어 있다. 이러한 접근은 사주명리학의 사회적 신뢰도를 높이고, 윤리적 해석 문화를 형성하는 데 기여할 수 있다.

그리고 현대에는 다양한 해석자가 등장하고 있으나, 그 자격 기준이나 검증 절차는 매우 미비하다. 이는 부정확한 해석, 비윤리적 발언, 상업적 유혹으로 인한 피해 사례로 이어질 수 있다.

한국역학회나 지역 명리학 단체 등에서 해석자의 인증 제도나 자격 검증 시스템을 마련하고, 지속적 교육과 윤리 강령을 의무화하는 것이 사주 해석의 질과 윤리성을 담보하는 핵심 과제다.

사주 해석은 단순한 운세 풀이가 아닌, 인간 삶을 조명하고 조율하는 섬세한 지혜다. 그러나 그만큼 해석자는 높은 윤리 의식과 해석의 한계에 대한 자각을 갖추어야 한다. 해석은 예언이 아닌 가능성의 언어이며, 조언이자 통찰이다. 그러므로 사주명리학은 끊임없이 인간 중심의 해석 태도, 열린 학문 정신, 그리고 실천 윤리를 기반으로 발전해야 한다.

고전은 이를 이미 알고 있었고, 현대는 이를 더욱 구체화하고 체계화해야 할 책임이 있다. 인간을 위한 사주, 삶에 기여하는 명리학이 되기 위해서, 해석자의 태도야말로 가장 중요한 출발점이다.

따라서 사주 해석은 인간 삶에 대한 깊은 통찰력을 제공하는 유용한 도구이나 윤리적 책임과 한계를 명확히 인식하고 이를 준수하지 않으면 오히려 부정적인 영향을 미칠 수 있다. 따라서 상담자는 정직성과 객관성을 유지하며, 고객에게 긍정적인 변화를 이끌어낼 수 있는 방향으로 해석을 진행해야 하며, 이는 단순한 점술이 아닌, 인간 이해와 성장의 도구로서 사주의 가치를 더욱 높이는 길이라고 할 수 있다.

참고문헌

김만태(2010). 한국 사주명리의 활용양상과 인식체계. 안동대학교대학원 박사 논문.

김춘기(2001). 『사주원리』. 백산.
남창환 외(2019). 『사주명리학 개론』. 좋은땅.
심효첨(2015). 『자평진전(子平眞詮)평주』. 서락오 주, 박영창 옮김. 도가.

조철래

경북대학교 강의교수다. 영남대학교, 계명대학교, 대구대학교, 대구가톨릭대학교에도 출강했다. 미디어 글쓰기, 신문 기사 작성론, 신문 편집 제작 실습, 한국 언론사, 미디어와 사회문화, 뉴스 모니터링 실습 등을 가르쳤다. 경북대학교 신문방송학과를 졸업하고 고려대학교 신문방송학과에서 언론학 박사 학위를 받았다. KBS대구방송총국 시청자위원, 대구시 북구 선거방송 토론위원, 경상북도 공무원채용 심사위원, 대구경북 언론학회 총무이사로 활동했다. 논문으로는 "지역신문의 선거 보도와 게이트키핑 과정에 관한 연구"(2006), "영호남 지역신문의 지역주의 보도연구"(2009) 등이 있다. 저서로는 『미디어 글쓰기』(2015, 커뮤니케이션북스), 『저널리스트를 위한 수사학』(2016, 커뮤니케이션북스) 등이 있다.